Somos associados da **Fundação Abrinq** pelos direitos da criança.
Nossos fornecedores uniram-se a nós e não utilizam mão de obra infantil ou trabalho irregular de adolescentes.

Arena das paixões
Copyright by © Petit Editora e Distribuidora Ltda., 2009
1-7-09-7.000

Direção editorial: **Flávio Machado**
Assistente editorial: **Dirce Yukie Yamamoto**
Chefe de arte: **Marcio da Silva Barreto**
Capa e projeto gráfico: **Ricardo Brito**
Imagens da capa: **Photowitch, Johan Humblet e Jose Antonio Sánchez Reyes / Dreamstime.com**
Revisão: **Maiara Gouveia**
Fotolito da capa e impressão: **SERMOGRAF – Artes Gráficas e Editora Ltda.**

Dados Internacionais de Catalogação na Publicação (CIP)
(Câmara Brasileira do Livro, SP, Brasil)

Robattini, Danielle Merighi.
Arena das paixões / Danielle Merighi Robattini. – São Paulo : Petit Editora, 2009.

ISBN 978-85-7253-178-8

1. Espiritismo   2. Romance espírita   I. Título.

Índices para catálogo sistemático:
1. Romance espírita   133.9

Direitos autorais reservados.
É proibida a reprodução total ou parcial, de qualquer forma ou por qualquer meio, salvo com autorização da Editora.
(Lei nº 9.610, de 19 de fevereiro de 1998.)
Traduções somente com autorização por escrito da Editora.
Impresso no Brasil, no inverno de 2009.

Prezado(a) leitor(a),
Caso encontre neste livro alguma parte que acredita que vai interessar ou mesmo ajudar outras pessoas e decida distribuí-la por meio da internet ou outro meio, nunca deixe de mencionar a fonte, pois assim estará preservando os direitos do autor e consequentemente contribuindo para uma ótima divulgação do livro.

Um romance do Espírito
HAMIM

ARENA DAS PAIXÕES

Psicografado pela médium
DANIELLE MERIGHI ROBATTINI

Rua Atuaí, 383/389 – Vila Esperança/Penha
CEP 03646-000 – São Paulo – SP
Fone: (0xx11) 2684-6000
www.petit.com.br | petit@petit.com.br

Sumário

Apresentação 9

CAPÍTULO 1
O nascimento 13

CAPÍTULO 2
Sete anos depois 20

CAPÍTULO 3
A viagem 27

CAPÍTULO 4
Haras de Santa Maria 35

CAPÍTULO 5
Os Rodriguez 41

CAPÍTULO 6
José Gomez 48

CAPÍTULO 7
O sonho 54

CAPÍTULO 8
Leonor 63

CAPÍTULO 9
O passado 72

CAPÍTULO 10
Os ciganos 77

CAPÍTULO 11
Obsessão 87

CAPÍTULO 12
Mudanças 95

CAPÍTULO 13
O mosteiro para moças 104

CAPÍTULO 14
Cadiz e o Mar 110

CAPÍTULO 15
Rodrigo Munhoz, o aspirante a toureiro 114

CAPÍTULO 16
O vento 119

CAPÍTULO 17
Dois anos depois 122

CAPÍTULO 18
A escolha 127

CAPÍTULO 19
O pacto 131

CAPÍTULO 20
A fuga 136

CAPÍTULO 21
A Casa das Acácias 144

CAPÍTULO 22
A porta entreaberta 151

CAPÍTULO 23
A confissão 153

CAPÍTULO 24
A Giralda 161

CAPÍTULO 25
O espetáculo 168

CAPÍTULO 26
O acerto 176

CAPÍTULO 27
A proposta 180

CAPÍTULO 28
O encontro 187

CAPÍTULO 29
A busca tardia 192

CAPÍTULO 30
O amor 198

CAPÍTULO 31
Novas revelações 207

CAPÍTULO 32
O compromisso 215

CAPÍTULO 33
A felicidade 221

CAPÍTULO 34
A amizade 228

CAPÍTULO 35
A véspera 231

CAPÍTULO 36
A sorte de cada um 241

CAPÍTULO 37
   A dor da morte 247

CAPÍTULO 38
   Alguns efeitos da dor 256

CAPÍTULO 39
   O círculo familiar e o passado 262

CAPÍTULO 40
   As provas da vida 268

CAPÍTULO 41
   No plano maior 272

CAPÍTULO 42
   O prosseguir 279

ÚLTIMO CAPÍTULO
   A Vida Atual 288

Apresentação

A HISTÓRIA impressa nas próximas páginas encontrava-se adormecida no inconsciente de sua protagonista. Ora acenando, feito uma imagem distante e fugidia, ora arrebatando-lhe a vida presente, como aqueles encontrões de tirar o fôlego. Emergiu na busca terapêutica, por meio da regressão de memória, e, de forma mais completa, pelas vias da psicografia. O fato é que o passado, apesar de ter ficado para trás, e objetivamente nada poder ser feito para alterá-lo, não estava enterrado...

Imagine-se caminhando pela praia observando o mar. Perceberá que, de tempos em tempos, ele elimina de suas profundezas alguns objetos, que se destacam, na areia clara. O que fazer com eles? Lançá-los novamente ao mar, talvez numa tentativa de fazê-los desaparecer? Ou, quem sabe, pesquisar a origem e a forma mais efetiva de dar-lhes um fim?

O "mar" é o nosso inconsciente; a "areia", nosso consciente; os "objetos" representam tudo o que necessitamos trabalhar em nós: tendências infelizes e traumas, por exemplo. Quando passamos a enxergar os objetos de nossas aflições, surge-nos a oportunidade bendita da escolha. Para cada uma existe um resultado, e dele usufruímos. Conhecendo a Lei de Causa e Efeito, passamos a compreender que o nível de nossa felicidade está intimamente relacionado à qualidade de nossas escolhas. Estejamos serenos para fazê-las, pois disso dependerá vivenciarmos o Céu ou o Inferno, que não são lugares geográficos, mas estados íntimos de ser.

O espírito, quando encarnado, utiliza-se, via de regra, do consciente. Tal limitação condiz com o grau evolutivo dos seres humanos, que necessitam do esquecimento temporário do passado, para que possam se relacionar de uma forma mais livre com os seus afetos e desafetos, sem o peso de seus erros nem os apegos das posições anteriores. A providência divina, desse modo, estimula a compreensão de que formamos uma grande fraternidade, despojando-nos, assim, de títulos e castas, e, ao mesmo tempo, possibilitando o resgate de faltas e a reparação de erros gerados pela convivência.

Para um encarnado, seria insuportável a lembrança de tudo o que viveu. As emoções que ainda não consegue equilibrar viriam à tona, causando sofrimentos e prejudicando o transcorrer das provas necessárias. No entanto, existem as "lembranças" espontâneas do que somos, vindas da manifestação de nossas tendências, e para elas precisamos dar um direcionamento útil, aperfeiçoando nossa intimidade, que se mantém intensamente conectada com a coletividade. Logo, melhorando o mundo íntimo, melhoramos o mundo externo, porque tornamos a vivência pessoal e interpessoal mais sustentável e harmônica.

Convido você, caro leitor, a adentrar a vida das personagens desta história, compartilhando com elas emoções e pensamentos, percebendo o resultado de suas escolhas, para aprender por intermédio da introspecção e empatia, condição única para "ver" e "ouvir" na mesma profundidade em que o terapeuta de almas, Jesus, nos ensinou. E, quem sabe, de algum modo, essa singela passagem no palco terreno possa despertar algum irmão em tempo de influenciá-lo a fazer melhores escolhas. Aproveitando o lapso temporal tão efêmero, que corresponde à vida material, em que cada dia é um novo dia!

"Amai-vos e instruí-vos." Isso significa, de fato, "Amar a Deus sobre todas as coisas e o próximo como a si mesmo".

Com amor,

Espírito Hamim

CAPÍTULO 1

O nascimento

NO ANO DE 1743, num povoado espanhol próximo aos Pirineus, na província de Aragão...

...Havia no ar um cheiro de queimada, o frio cortava a pele dos camponeses, que se aventuravam em buscar madeira para o aquecimento de seus lares.

O nascimento era iminente, as dores abdominais começaram durante a madrugada, o que fazia Pedro apressar-se nos preparativos. Enquanto reunia os maços de gravetos no sobretudo, trocava confidências com o vento.

"O bebê esperado haverá de ser uma menina e receberá o nome de Leandra..." Apalpava o solo, apartando o mato, vasculhando a terra, em sincronia afastava as dúvidas que lhe brotavam na alma. "Que bons ventos a tragam! Assim, Consuelo encontrará alguma alegria neste mundo."

Sua mulher deixara o lar na Catalunha, ainda pequena, após a Guerra da Sucessão Espanhola. Por ordem do Imperador, algumas famílias foram desapropriadas de suas terras, inclusive a de Consuelo, que se transferiu para Aragão. Anos depois, a moça conheceu Pedro, nas muitas idas e vindas dele a Zaragoza para a compra de suprimentos. Na época, o rapaz buscava matrimônio, investindo com mimos à aparente frieza da pretendida, até convencê-la a casar-se. Após singela cerimônia, mudaram-se para a pequena propriedade rural na divisa com a França.

O parto se precipitava em semanas, em virtude dos trabalhos com a terra que exigiam muito do físico, além do clima que lhe era desagradável. Para os camponeses, era difícil a assistência de um médico, uniam-se nas necessidades, auxiliados por conhecimentos leigos de medicina, transmitidos por seus antepassados. Consuelo tinha Marieta para servir-lhe de parteira. A amiga estava atarantada com os panos e água fervente, enquanto Pedro entrava no recinto módico impressionado com os gritos da parturiente.

– Pedro, eu quase morro de dor! Onde esteve?

– Buscava madeira para o forno! – Envolveu a esposa, tentando confortá-la, beijou-lhe delicadamente a testa, postando-se ao seu lado. – Pronto, já estou aqui.

A bolsa amniótica havia rompido, manchando o lençol. As dores aumentavam em frações mais curtas de tempo. Consuelo transpirava muito e trazia olheiras profundas. Marieta estava um tanto apreensiva, chamando Pedro a um canto isolado, externou suas aflições, quase sussurrando:

– Já acompanhei vários partos, não compreendo a demora e temo pela saúde de Consuelo... A barriga está alta, apesar das contrações!

— Por favor, acalme-se! Precisamos ter fé.

Espremeu os olhos, que brilhavam, observando a imagem no quadro à parede, e prosseguiu, solícito:

— Ele não há de me faltar nessa hora! — Sentou-se ao lado da mulher, enxugando-lhe o suor do rosto abatido, enquanto falava-lhe aos ouvidos: — Tudo vai dar certo, meu amor. Mas você precisa ajudar Marieta.

A parturiente tentou recobrar as forças, espalmava as mãos no tórax de Pedro.

— Meu marido, o que se passa comigo? Estou sofrendo demais!

Os dois assistentes se entreolharam, tentando não transparecer a preocupação que os acometia.

Marieta, após algumas manobras, viu despontar a cabeça do pequeno infante, e pediu um esforço maior da mãe, que já urrava de dor.

— Respire rapidamente e faça força! — pedia a parteira, enquanto fazia pequena incisão na vulva, facilitando a saída do nascituro.

Rompendo a rigidez da carne, nasceu a menina de Pedro. Este, de olhos marejados, não cabia em si de tanto entusiasmo:

— Deus seja louvado! Me deste uma bela menina, Consuelo!

Consuelo não respondia, estava se esvaindo em sangue e dor, sentia a cabeça girando, os lábios e as extremidades frias, estava semiconsciente. Pedro beijava o seu rosto, acariciava seus cabelos em movimentos repetidos, tentava reanimá-la na recuperação dos sentidos.

– Consuelo, minha querida, desperte!

Marieta apressou-se em enrolar num manto a criança que chorava, enquanto a ajeitava num cesto improvisado. Garantiu a segurança da recém-nascida e acercou-se da mãe, em cuidados. Dando a Pedro um recipiente, orientava-o:

– Preparei um chá de *cornezuelo*.[1] Faça-a inalar a emulsão de mirra![2] Precisamos tê-la conosco urgentemente!

Consuelo, inquieta, delirava e dizia palavras desconexas...

– Pedro, nossa filha...Tia Carmélia está dizendo... Nossa filha...

– O que está dizendo, Consuelo?! Sua tia está morta!

– Meu Deus, por que terei tão triste destino? Não poderei ser mãe.

Arfava, tentando recobrar as forças que lhe restavam, para continuar a falar. Entre soluços, exausta e de olhos cerrados, soluçou com a voz sumida as palavras derradeiras:

– O que será de nós?

Deixou-se cair nos braços de Pedro, inanimada e gélida. A morte levou-a da sorte tão aguardada por ambos. O companheiro sobrevivente agarrou-a em desespero, bradando aos céus um apelo que faria doer às fibras mais íntimas de todos os que lhe pudessem ouvir.

---

1. Esporão (fungo) de centeio que possui a forma de pequeno chifre, utilizado desde a Idade Média para a contenção hemorrágica pós-parto. Em doses excessivas pode causar envenenamento. (Nota da médium)
2. Erva medicinal com poder estimulante. (Nota da médium)

— Não, meu amor! Não! Preciso de você como nunca! — Pedro chorava copiosamente, fazendo calar o bebê que antes choramingava por cuidados.

Como se aquele pequeno ser pudesse dividir com o pai a dor daquele momento. O bebê calou-se por respeito, por lástima, por decréscimo de alegria, que quase não poderia mais vislumbrar sem os afetos maternos.

As últimas palavras de Consuelo calaram fundo na alma de todos, que testemunharam sua partida, condizendo com os sentimentos e senões que inundavam o íntimo de seus entes queridos.

Enquanto isso, no plano espiritual, os enfermeiros do Além acolhiam a alma liberta de Consuelo, que recebia com acalento as palavras de sua tia Carmélia:

— *Querida, confie na providência de Nosso Pai! Apesar da despedida em momento tão crucial, ninguém será desamparado!* — Enquanto a tia amorosa recompunha seus cabelos desgrenhados, devotava-lhe imensa ternura no olhar cuidadoso.

— *Pensei que nunca mais a veria... Sempre lhe tive muito apreço. Sinto-me confusa... Fraca... Com muito frio...*

A tia, em tom maternal, com a brevidade que exigia o momento, tentou atenuar-lhe as dúvidas:

— *A sua mente ainda está presa às sensações da morte física, daí sentir o frio que seu corpo material sentia. Beba essa mesinha.*[3] *Você adormecerá e acordará melhor.*

---

3. Nome dado aos remédios caseiros na Espanha. (Nota da médium)

— Mas, tia! Preciso falar com Pedro, ele não saberá o que fazer com a nossa filhinha.

— Confia, meu bem! Ele terá orientações por meio de outros lábios. A vida se encarregará de trazer-lhe o auxílio necessário... Por ora, adormeça, está fraca, precisa dormir!

Conduzindo-a juntamente com a equipe de socorro, deixaram o recinto terreno, como um sopro fresco, consoante ventarola que adentrava pela janela.

Marieta chorava muito, e, tocada pela brisa inesperada, teve ímpetos de orar. Com olhos postos no céu, contemplando o anil da manhã, pediu fervorosamente.

"Pai, se achou por bem levar a pobre Consuelo em hora tão difícil para os seus, dai-nos a resignação necessária para o acolhimento de seus desígnios, inspira-nos as atitudes e fortalece-nos a fé, para que vençamos a prova que nos apresenta".

Uma lágrima soltou-se de seus olhos tristes, no fechar apertado de suas pálpebras, exprimindo, assim, sua dor e devoção. Seu rosto serenou-se aos poucos, como que envolto em novo hálito de energia. Era o atendimento imediato às suas rogativas, dada a sinceridade da oração.

Em sua mente, se pudesse perceber, saberia tratar-se de sugestão de um amigo estimado da família que presenciou os acontecimentos de então, colocando-se em sintonia com a suplicante, por força da elevação vibratória. Dada, porém, a intensidade da boa ideia, entendeu-a como se fizesse parte dos próprios pensamentos, e anunciou:

– Vou buscar Tereza! Ela ainda está amamentando seu filhinho... alma generosa, não se negará a alimentar nossa criança!

– Sim, Marieta! – concordou Pedro, engolindo o pranto.

– Apesar das providências com o sepultamento, não posso esquecer as necessidades de minha filhinha. – Dedicou um olhar amargurado ao semblante de Consuelo, e concluiu, pesaroso:

– Vá buscar essa ama! Meus recursos são escassos... Diga-lhe que será muito bem recompensada em mantimentos.

– Demonstrando maior desembaraço, deu gravidade à voz. – Seja breve! Se ela chorar de fome não saberei o que fazer.

CAPÍTULO 2

Sete anos depois

O VERÃO anunciava as festividades dos camponeses. As colheitas foram fartas, o que gerou uma atmosfera de esperanças no povoado dos Pirineus.

As mulheres mantinham-se ocupadas com os preparativos da *fiesta*, que além de contar com as comidas típicas, num cenário de enfeites e alegorias, se iniciaria com a procissão em homenagem a *La Virgen de las Nieves*, protetora dos moradores daquela região tão bela quanto hostil. As festividades findariam ao som das jotas aragonesas, que expressavam em ritmo e letra a cultura daquele povo.

Tudo corria a contento. As crianças colaboravam com as mães, levando e trazendo os mantimentos, guarnecendo as mesas enquanto beliscavam, sorrateiras, as *rosquillas*.

Um olharzinho solitário e curioso pairava sobre tudo, buscando, nas saias que se ladeavam, o rosto querido de Marieta.

– Leandra, venha cá se arrumar para a festa!

A menina suspirou aliviada, ansiava pelo momento de colocar o vestido novo, com lantejoulas e delicados penduricalhos, bordados pelas mãos zelosas de sua madrinha.

Correu alegremente, saltitando em troca de pés. Ficaria, enfim, pronta para a apresentação ensaiada pelas crianças.

No quarto de Lolita, improvisaram um pequeno camarim, onde a filha de Marieta acotovelava-se com a filha de Pedro, na disputa pelo espelho.

— Bonito seu vestido, Lolita! – disse, entre risinhos. – Mas veja o rodado da minha saia! – Girava Leandra, em meia volta, exibindo-se para a amiga. – Veja os barulhinhos dos enfeites, parece mágico! Papai disse para eu dançar com os olhos bem fechados, para sentir a Virgem levantar-me no ar! – Fez uma pausa no que dizia, valorizando desse modo a história engendrada. – Assim dançam os anjos nos céus, acima das montanhas... Então aquietam-se sobre as neves, para alegrar as crianças... – Pensando no que havia repetido, perguntou:

— A neve lhe agrada, Lolita?

— Acho que sim... – respondeu a amiga, indiferente, enquanto ajeitava mimoso laço nos cabelos.

— Pois a mim, não! Gostaria que só houvesse o calor! Pois, assim, andaríamos descalços na grama sem ficarmos doentes. Faríamos mais *fiestas*, que enchem a vila de música! – Deixou os olhinhos iluminados perderem-se num cenário de sonhos e arrematou: – Quando eu crescer serei uma bailarina!

— Deixa disso, Leandra! Quando crescer, vamos trabalhar juntas, aqui nas vinhas! Lembra quando o tio Ramon deixou a gente pisar as uvas na barrica? Foi muito divertido! Saímos tingidas de vermelho! Mamãe até ralhou com a gente.

— É... — Leandra deu de ombros.

A menina sentia-se muito só quando o pai trabalhava nas vinhas. Ele saía cedo e voltava já à noitinha. Pedro dedicava-se com afinco à lavoura e ao trato das reses. A peste se alastrara nos últimos meses, causando muitas baixas em seu rebanho. Dividia os animais em grupos, impondo-lhes o isolamento aos primeiros sinais da doença, mas não conseguia identificar a causa. Eles secavam a olhos vistos, e as pelagens descarnadas grudavam nos ossos, definhando e assumindo um tom azul, até a morte voraz.

Os camponeses estavam temerosos, abstinham-se da carne vermelha, recorrendo exclusivamente aos peixes, em suas refeições. Essas pestes, nos últimos tempos, vinham após as colheitas fartas.

Ao fim das festividades daquela noite, Pedro chamou Marieta e Sanchez, o marido dela, desabafando com seus amigos os receios.

— Não conseguiria expressar toda a minha gratidão pela amizade de vocês ao longo desses anos! — Apalpava a aba do chapéu com as pontas dos dedos, enquanto dizia:

— Principalmente depois de minha viuvez... Os cuidados dedicados à minha filhinha, enquanto eu estava na lida. — Fez uma pequena pausa para melhor concatenar as ideias, enquanto enchia o peito, buscando forças para dizer o que lhe ia à alma.

O casal envolveu-o amorosamente, fazendo menção para que se sentasse junto deles. Pedro acomodou-se na banqueta rústica, passou as mãos calejadas nos cabelos, tentando assentá-los, como se soubesse que as dores que se afugentavam no espírito agoniado se refletiam, agora, no aspecto físico.

– O que se passa com você? Nunca o vi assim – ponderou Sanchez.

– Temo por todos nós! Sinto-me compelido a tomar providências para a contenção das doenças do meu rebanho... Vou sacrificar os doentes e desfazer-me dos que restarem... – Consultava os amigos com os olhos, enquanto explanava. – A criação tem me consumido o tempo e a saúde! – Vendo a receptividade do casal, alongou-se em conclusões. – Juntei algumas reservas, para a educação de Leandra, e pretendo realizar um desejo de Consuelo, revelado a mim durante a gestação...

– Nunca nos disse nada. De que desejo está falando? – redarguiu Marieta, apreensiva.

Os olhos de Pedro estavam marejados e arregalados, para que contivesse a represa de emoções que se derramaria em lágrimas. Lembrou-se da face serena de Consuelo, lhe dizendo dos sonhos que guardava para a filha querida, antes mesmo de vê-la nascer. As mãos maternas corriam no ventre volumoso, embalando suavemente o fruto esperado, em sinal de amor e esperanças. Conforme relembrava a cena do pretérito, narrava aos amigos, com vivacidade, a sina de Leandra, pelos lábios da mãe. "Minha filha terá instrução, não será como uma de nós! Vivendo aqui nesses rincões, sujeita ao frio e às doenças!

Trabalharemos duro, Pedro, para enviá-la, em tempo oportuno, para uma boa formação. Assim, ela viverá no sul, com minha irmã Leonor. Depois, juntaremos dinheiro para nós, e viveremos, todos, no calor de Andaluzia!"

Um novo brilho despontava em seu rosto, sempre que mencionava Andaluzia, como se lhes fosse familiar, apesar de nunca haver pisado naquelas terras, conhecendo-as somente por cartas, que trocava com a irmã mais nova. Depois, concluía seus planos, dando ares de realidade. "Meu cunhado está muito bem de posses e nos prometeu trabalho em suas terras."

Marieta saltou do banco, em protesto.

– Mas, Pedro! Irá afastá-la do nosso convívio?!

– É preciso! Era o desejo da mãe dela! E também... – continuou, dissimulando parte da verdade – sinto que posso não viver muito tempo e não quero vê-la presenciar a minha morte! Sofrendo como eu sofri com a perda de Consuelo. Seria desgraça demais para um coração tão jovem!

– Por que diz isso? De onde vem essa cisma? Você ainda é novo e forte! E nós também a amamos, poderíamos cuidar dela como sempre fizemos! – Marieta olhou o marido, buscando nele a aprovação de seus propósitos.

Sanchez assentiu com os olhos e concluiu: – Claro, Pedro! Nós a temos como filha! Afinal, não somos os padrinhos? E Marieta tem razão quando fala de sua saúde! Ou nos esconde algo?

Pedro calou-se diante das súplicas e assertivas. Sabia que não teria a aprovação dos amigos se não lhes contasse a verdade. E, ademais, sentia-se sem forças para fazer tudo sozinho. Doía-lhe a separação da filhinha amada. Por outro lado, não desejava vê-la sofrer. Já havia resolvido o que fazer, superada a fase dos questionamentos, que duraram meses. Estava resoluto. Só precisava do auxílio dos amigos para dar curso às suas decisões.

– Na última ida à cidade visitei o doutor Juan. Ele me disse que os meus pulmões não estão bons... Percebeu um chiado... E essa peste toda... – Pedro sentia fortes dores nas costas. Às vezes, escarrava sangue, e, em razão dos parcos recursos da ciência médica, vivia de chás e inalações de ervas. O trabalho duro lhe retirava ainda mais as energias para restabelecer-se.

– Eu estou decidido, gostaria de ter o apoio de vocês! Leonor me escreveu recentemente e eu lhe respondi, está tudo ajustado: na próxima ida a Zaragoza, levarei Leandra comigo. Lá, haverá uma carruagem aguardando-a, com destino a Sevilha.

– Mas, Pedro, trata-se de viagem muito longa para uma criança da idade dela – considerou Marieta.

– O Coronel Rodriguez é mercador experiente! Tem por hábito promover o trânsito de suas mercadorias pelas vias de nosso país. E, no mais, haverá uma serva e um capataz dele para cuidar de Leandra. Tudo isso já foi acertado entre nós. – Aproximando-se de Marieta, buscando-lhe o olhar, com mansidão, rogou:

– Querida amiga de momentos tão difíceis, eu lhe peço um último favor! Ajuda-me a preparar o espírito de Leandra para os acontecimentos futuros?

Marieta olhava-o comovida. No íntimo, sentia que deveria atendê-lo, em respeito àquele homem, que tanto estimava, e aos apelos da providência maior, que exerce sobre nós uma força quase irresistível.

— Pedirei a Deus as forças para tal intento! Porque agora eu não as tenho! Sinto-me muito abalada com a separação iminente! Eu tenho Leandra como filhinha! Respeito sua decisão de pai... compreendo suas razões... Mas lhe peço um pouco de paciência, para que eu consiga fazer o que me pede!

— Obrigado, Marieta! Como já disse, sou muito grato a vocês!

Num rompante, Pedro buscou o chapéu sobre a mesa tosca e saiu apressadamente, evitando desabar ali mesmo, num comovido pranto, diante do imperativo destino.

CAPÍTULO 3

A viagem

O RIACHO corria caudaloso. Nutria-se das neves que se derretiam, ganhando um tom anil revigorante. Refletia com esplendor as cores do céu.

Enquanto as mulheres lavavam as roupas e as quaravam ao calor do sol, as crianças brincavam em torno, estimulando a alegria.

As meninas rolavam na grama e cantavam as jotas, as canções populares que diziam da vida simples no campo, até que Leandra levantou-se, sacudindo o mato do vestido. Tirou os cabelos dos ombros e foi lavar as mãozinhas nas águas ainda geladas. – Ui! – Estremeceu de frio. Observando a superfície transparente, imaginou coisas. Naquela margem, as águas formavam uma pequena bacia, em obediência ao relevo, e, de tão calmas, refletiam seu rosto delicado. Riu de si mesma, desmantelada, com um resto de mato nos cabelos. Tocava o espelho aquoso, alternando os dedinhos, oscilando, assim, a própria imagem, brincando com as caricaturas que se esboçavam.

Marieta acercou-se dela. A menina olhou-a num relance, atraindo a atenção da madrinha para o que fazia.

– Você gosta daqui, querida?

– Sim, madrinha! Mas gosto mais no verão! Quando está frio fico presa em casa.

– Seu pai me contou sobre sua tia Leonor. Ela mora num lugar mais quente! – Enquanto a madrinha falava, fazia um esforço para assimilar as reações diante do assunto. Percebendo o interesse, prosseguia, amável: – Disse-me que seu tio tem criação de cavalos! Você tem até uma prima de idade próxima! Gostaria de conhecê-los?

– Sim! Sim! A família de mamãe! Seria muito bom! – Após a empolgação primeira, enfiou a cabecinha entre os ombros, lamentando-se. – Mas é tão longe! Não é?

– É bem longe sim! Mas eles têm até carruagem! Seus empregados ajuntam-se em caravanas, circulando pelas cidades, Zaragoza, inclusive! Vendendo animais e comprando víveres!

– Nossa! Zaragoza é perto daqui! Poderíamos vê-los! Papai certamente levaria a gente lá!

A madrinha sentiu-se aliviada por perceber que os planos do pai, de algum modo, agradavam a menina. Mas, a ideia de manipular-lhe a inocência causou-lhe certo mal-estar. "Meias-verdades", pensou intimamente. "Pedro estaria certo em poupar a filha desse modo? Ela teria, enfim, esperanças de revê-lo!

E talvez, se tudo acontecesse como previsto, jamais o visse novamente!". Voltou-se à menina, com delicadeza:

— Leandra! — Tendo-lhe a atenção, prosseguiu. — Você é muito importante para mim! Seja como for, queremos a sua felicidade sempre!

A menina, comovida, abraçou Marieta. A madrinha querida fora a mãezinha que não tivera. Mas sentia que o amor da madrinha não bastava. Uma carência lhe inundava os sonhos de criança e, neles, desejava sentir-se embalada pela mãe imaginada, conhecida somente por pintura.

— Dinda! Se papai me levar um dia, a gente volta logo! É um pé lá e outro aqui! Nem verá o tempo passar!

Aproveitando o demorado abraço, Marieta derramou duas lágrimas silenciosas em seus ombrinhos. Sabia o que a sorte lhe reservava e só poderia lamentar, simplesmente.

Dois dias depois, a carroça de Pedro partia guarnecida para a viagem à Zaragoza. A menina alegrava-se com as fantasias nascidas do desconhecido, saltitava, balançando as trancinhas que acomodavam seus longos cabelos. Beijou a todos, trocou confidências com Lolita e partiu, distribuindo acenos e sorrisos.

A diligência seguiu em marcha célere por horas. O cansaço se estampava no semblante do condutor:

— Filha! Vamos repousar em uma choupana próxima daqui! Lá, faremos refeição e seguiremos amanhã cedinho! Você está bem?

— Sim, papai! Um pouco enjoada com os sacolejos! — Esfregando os olhos sonolentos, num esforço para despertar, sentou-se ao lado do pai, abraçando-lhe a cintura, e concluiu: – Nunca esquecerei essa viagem, *papá*! Essa estrada nos leva a lugares lindos! É a primeira vez que saímos juntos do vilarejo!

O pai desceu seus olhos reflexivos, observando o gesto da filha. Não havia percebido o quanto ela crescera. Sentiu-se estimulado a observar as belezas do caminho. Beijou-lhe os cabelos e estendeu a vista ao horizonte. A carroça atravessava um bosque verdejante, pigmentado com o lilás das *azucenas silvestres*.[4] Respirou profundamente, dessa vez, não sentiu nenhuma dor no peito enfermo.

Na manhã seguinte, seguiam para Zaragoza, quando avistaram a cidade, do alto de um monte, Pedro sentiu um frio nas entranhas. Veio-lhe a ideia da despedida. Reduziu a marcha e, buscando as palavras, discorreu: – Veja Zaragoza! Por aqui passam muitos viajantes; é um centro importante de negócios...

A criança, diante de tantas construções, já estava estarrecida. O pai, pesaroso, palavreou os pensamentos, agora em tom incisivo: – Gostaria de lhe esclarecer algumas coisas... – Engoliu o seco da boca, mirou os olhos firmemente sobre o semblante surpreso da filha e prosseguiu: – O *papá*, desde que você nasceu, trabalhou muito e juntou o bastante para você, meu amor! Você conhecerá seus parentes em Sevilha. Ficará um tempo por lá, para que possa receber estudo. Será uma moça

---

4. Planta silvestre que normalmente nasce em bosques frescos; nome científico: *Lilium margaton*; suas pétalas cor de púrpura erguem-se arcadas, formando pequenas coroas. (Nota da médium)

culta! E, quem sabe, conhecerá um bom moço, um dia, para desposá-la e constituir uma linda família!

A menina sobressaltou-se:

— Mas, *papá*! Você não irá comigo?!

— O *papá* não pode deixar nosso sítio, tem muito trabalho me esperando! Mas assim que for possível eu irei lhe buscar! — Desviou os olhos por alguns instantes, não era afeito a ocultar as coisas e temia não parecer convincente.

A filha ia tentar redarguir, mas foi interrompida pelo pai, que lhe falava agora num tom muito incomum.

— Será assim, Leandra! Eu sou seu pai e espero de você obediência!

Leandra tentou engolir o choro, que se arrastou pela garganta, sufocando-lhe. Não compreendia o porquê. Sua cabeça se agitava diante do desconhecido. Não sabia se iria se acostumar com seus parentes. Sequer poderia prever se eles a desejariam. Com os olhos vermelhos, pela explosão de ideias, agarrou-se firmemente ao braço paterno e desabou num choro incontido.

— Quanto tempo? Diga-me quanto tempo eu ficarei longe de você, *papá*.

Ele fitou-a, comovido.

— O tempo necessário! Eu gostaria de estar com você o quanto antes, mas será Deus quem dirá!

Tirou um pequeno lenço do bolso do colete, puxou ternamente as mãozinhas dela, que ainda se agarravam à sua manga, e, dando-lhe o lenço, ponderou:

– Agora, recomponha-se, filha! Estamos próximos do local combinado e não quero que lhe vejam assim!

A caravana esperada se aproximava rapidamente, deixando para trás o pó da estrada. Muitos cavalos amarrados em fila, puxados por cavaleiros, carroças de mantimentos, e, ao centro, uma carruagem imponente, conduzida do alto pelo capataz do Coronel Rodriguez.

Pai e filha estavam impressionados com o tamanho do grupo, com a estrutura das montarias e diligências. Era algo nunca visto por aquelas paragens.

O capataz segurou firmemente as rédeas, vozeando:

– Oooaaaaah! – E os velozes cavalos obedeceram-lhe de pronto. Amarrou as rédeas no freio, desceu da cadeira, altivo, firmando as botas longas no estribo. E, num salto leve, postou-se ao chão sem titubear. Tirou o chapéu preto, de abas firmes e longas, em conjunto com as vestes de couro tingidas. Vindo na direção dos dois espectadores, bradou:

– *Buenas!* Meu nome é Gomez! Trabalho para o Coronel! – Ofereceu a mão para a saudação e, olhando para Leandra, tentou ser simpático:

– Essa é a princesa que vim buscar?

A menina encolheu-se, já não sabia se queria ir.

– *Buenas* – respondeu Pedro, solícito –, onde está a serva de Dona Leonor? – perguntou, tentando confortar a filha.

– *Ah, si! Como, no!*

Gomez virou-se para a carruagem e chamou:

– Emiliana, venha cá!

De lá saiu uma mulher de meia-idade, de traços gentis. Aproximou-se do pequeno grupo e apresentou-se, fazendo reverência com uma leve flexão dos joelhos.

– Posso pegar a bagagem da pequena, senhor Pedro? – indagou Gomez.

– Pode, sim! – respondeu, já lhe entregando uma trouxa e um cesto. Deu a Emiliana uma cesta com frutas cristalizadas, queijo curado e mel, e, sorrindo, esclareceu:

– São para alegrar a viagem de minha filha!

A senhora, condescendente, acenou com a cabeça, sorrindo:

– Fique tranquilo! Eu cuidarei bem da sua menina! – disse isso carregando o cesto para a cabine.

Os dois, a sós, olharam-se profundamente. O pai beijou-lhe o rosto, pegou no compartimento detrás da carroça uma caixinha de madeira do tamanho de um livro, amarrada com um laço de corda, e lhe entregou, dizendo:

– Filha, compreenderá um dia os meus motivos! Por ora, reservei para você essa lembrança, que guardará consigo para sempre! Promete?

– Sim, *papá*!

– Quero que obedeça aos seus tios! E seja prestativa a todos, sim?

– Está bem, *papá*! Farei o que me pede!

Abraçaram-se sentidamente, até ouvirem o chamado do capataz:

– Apressem-se, senão viajaremos de noite!

Leandra subiu à boleia, segurando-se na mão de Emiliana. Fechada a portinha, recostou o corpinho na janela e gritou ao pai:

– Não se demore, *papá*!

Ele acenou várias vezes até ver sumir a caravana na estrada, além dos montes.

– Adeus, filha amada!

CAPÍTULO 4

Haras de Santa Maria

EM MENOS de um mês, a caravana chegou a Sevilha.

A noite já descia, acobertando as belezas da paisagem local. Nem por isso trazia o silêncio que lhe era habitual. A cidade se agitava. Os transeuntes se reuniam em pequenos grupos, alegremente, fazendo troças dos acontecimentos do dia.

O falatório envolvia a caravana, que rasgava a rua central. Ela, que agora ia menor, pois ao longo do trajeto se dispersara pouco a pouco, com a entrega de animais, com o consumo dos mantimentos e com o deslocamento dos peões, que não moravam na fazenda, mas nas cercanias.

– *Hasta manãna, Gomez!* – despediam-se os peões.

– *Hasta!* – correspondia, sucinto, o capataz.

A menina dormia no banco almofadado da boleia. Os peões, a cavalo, seguiam adiante, num abrir e fechar das porteiras da fazenda. Os cavalos do haras percebiam a aproximação do grupo e relinchavam nas cocheiras e estribarias. Os trotes dos cavalos intercalavam-se com o tilintar macio da carruagem... *tchim*... *tchim*... *tchim*... quebrando a quietude da propriedade.

A diligência freou, à porta da sede. Os empregados que saíam do interior da casa vinham auxiliar no descarregamento das caixas e bagagens.

Gomez abriu a portinhola da Cabine, consultou Emiliana com os olhos, para não despertar a menina. Acolhendo-a nos braços, adentrou na casa dos Rodriguez, buscando o quarto dos hóspedes, depositando-a num leito previamente preparado.

A ama retirou-lhes as chinelas, cobrindo-lhe com uma manta. Verificou as cortinas e janelas, retirando-se.

A manhã trouxe o sol de Andaluzia, que é mais vibrante, porque rompe somente a brisa fresca do *Guadalquivir*[5]. E por ser mais leve o seu nascer, estende os seus braços incandescentes na imensidão dos céus, num caloroso abraço ao povo de lá, que desperta sem pressa e com inabalável alegria!

O cheiro fresco, próprio das fazendas, uniu-se ao relinchar dos garanhões, que, às primeiras horas da manhã, recebiam os treinamentos do dia. Tal atmosfera despertou a nova moradora do Haras Santa Maria, que, por não registrar os momentos do ingresso àquela edificação, abriu os olhos e pasmou.

---

5. O Guadalquivir é o quinto rio, por extensão, da Península Ibérica. Nasce em Cañada de las Fuentes, no término do município de Quesada, na Sierra de Cazorla (Jaén). Corre pelas províncias de Jaén, Cordoba e Sevilla e desemboca por Sanlúcar de Barrameda (Cadiz). É um amplo porto estuário, fazendo divisa com a província de *Huelva*. (Notas da médium)

— *Madre de Dios!* Onde estou? — Seus olhos curiosos percorriam as paredes forradas de temas florais, que desciam do teto até o meio, findando num delicado motivo de resina cor de ouro envelhecido. Depois, alcançavam o assoalho, num desenho retilíneo e delicado, num amarelo escuro e opaco. As cortinas pesadas e alvas escondiam imensas janelas, envoltas por molduras largas no mesmo tom de amarelo.

Correu até a janela, buscando os sons de fora. Abriu a tramela e sensibilizou-se com o clarão do dia. Subiu no parapeito e por cima dos arbustos, que margeavam a varanda, viu os cavalos ao longe, recebendo o adestramento. Trotavam presos às guias, que saíam das mãos do instrutor, posicionado ao centro do cercado. Aplicando-lhes golpes da vara que, incisiva, dava o ritmo à marcha.

Emiliana entrou no quarto, com o desjejum na bandeja.

— Apronta-se, menina! Seus tios querem vê-la!

Leandra abraçou a ama, dando-lhe um beijo nas bochechas enrubescidas. Tomou o alimento da bandeja, mordiscou, e, sentando em cima da perna dobrada, tagarelou:

— Lindo lugar, esse! Meu pai adoraria estar aqui! — Lembrando-se subitamente dos moradores, aconselhou-se com a ama: — Será que meus tios vão gostar de mim, Liana?

— Se você se atrasar, vão pensar mal de você! — Deu de ombros, rindo, enquanto esticava a cama.

A menina largou o copo de leite e começou a revirar a trouxa de roupas.

– Largue isso, Leandra! O vestido que irá colocar está no mancebo.

Apartou as cortinas que protegiam as roupas do armário e viu várias peças de vestir para o seu tamanho.

– *Mui belos* – exclamou, maravilhada.

A ama riu da empolgação da menina.

– Sua tia quer que tenha boa aparência!

A menina mediu-se, comparando a roupa velha e tosca que vestia com as novas e cheirosas penduradas no armário. Compreendeu de pronto o que a tia quis dizer.

– Lave-se! Trouxe água e sabão de alfazemas. Vou arrumar suas madeixas.

A casa dos Rodriguez possuía altas paredes e forro para o telhado. Os cômodos, que eram muitos, separados até a cobertura, davam maior intimidade e beleza à edificação.

Amplas salas acomodavam a mobília confortável sobre um assoalho liso e limpo. Diferente do chão batido com pedras irregulares das casas rurais, em Aragão.

Os jardins eram bem tratados, guarnecidos com flores e pequenos arbustos, formando um cordão sinuoso em volta da casa central, como um colar de pérolas adornando majestoso pescoço. Em determinados lugares, esse colar rompia-se, e as pérolas soltas cravejavam-se, formando verdadeiros oásis na extensão dos tapetes verdes.

Atrás das cocheiras havia um bosque, e nele corria um riacho sereno, que em certo ponto desaguava numa pequena corredeira, composta por alternadas pedras colocadas estrategicamente pela natureza, como os dentes do cilindro de uma caixinha de música, tilintando, melodiosas, com o passar das águas.

Nesse bosque concentravam-se várias espécies de pássaros, atraídos pelo frescor da natureza. Proporcionavam às manhãs a sinfonia de regorjeios, em que barítonos, tenores e sopranos se exibiam num espetáculo inebriante.

Mais adiante, perto da entrada da fazenda, num caminho ladeado de árvores frondosas e copadas, formou-se um vilarejo, onde restavam as casas dos serviçais. Lá, morava a família de Emiliana, que era viúva de um ex-combatente. Ademais, tinha dois filhos e um cão pastor. Os filhos dela auxiliavam no trato dos animais. Gabriel, o filho mais velho, sonhava em ser cavaleiro da guarda de Sevilha, assim como era o Coronel. A filha caçula, de nome Nina, pouco sonhava.

Nesse vilarejo havia também a casa de Gomez, que morava sozinho. O rapaz disse, quando chegou à fazenda, haver deixado família nos rincões da Espanha, para tentar a sorte em Andaluzia, atraído pelo clima de *fiestas* e de belas *muchachas*. Ele era reservado, não dividia a sua intimidade com ninguém. Não era propriamente belo, mas causava fascínio às mulheres com o seu porte altivo e o seu jeito de tudo saber fazer. Montava os melhores cavalos. Treinava os garanhões, principalmente os mais rebeldes. Tratava das doenças dos bichos. Para tudo apresentava uma solução. Dada a sua versatilidade e obstinação, ganhara a confiança do Coronel Rodriguez, que lhe deu cargo de mando. Todos o respeitavam no haras, e nada de maior relevância era feito sem que ele fosse consultado primeiro.

O Haras Santa Maria se esmerava na criação do cavalo Andaluz e dos touros para a tauromaquia. O tráfico de animais atendia às mais diversas necessidades, por exemplo a tração de diligências ao contingente militar. Mas o prazer dos criadores estava no preparo de cavalos e touros para os espetáculos que aconteciam nas praças populares.

O Coronel Rodriguez era homem de bons relacionamentos entre os sevilhanos e compunha o corpo dos *Caballeros da Real Maestranza*, entidade instituída por nobres e prestigiada pela realeza com títulos e privilégios, o que contribuía para seus negócios prosperarem, no Haras Santa Maria.

CAPÍTULO 5

Os Rodriguez

UMA HORA depois, saída do toucador, surgiu, envolta em vestido níveo e rodado, a bela menina que, toda faceira, ansiava o momento de ter com seus familiares.

Emiliana, como artista que contempla a própria obra, arrematou:

– Você está linda, Leandra! Agora, vamos encontrá-los no campanário!

– Campanário? O que é isso?!

– É onde o sino toca! É lá que foi servido o *desayuno*![6]

– Lá na vila, tocava-se o sino para chamar as pessoas para a missa! Aqui dentro da fazenda tem missa?

– Não, meu bem! As badaladas convocam os peões ou os empregados para os esclarecimentos e reuniões gerais.

---

6. Desjejum, que, entre as famílias espanholas, geralmente consiste em xícara de café, de leite puro ou de leite com chocolate, acompanhado com bolachas, madalenas, pão torrado ou bolos. (Nota da médium)

Percebendo o interesse da menina, enquanto caminhavam ao campanário, prosseguiu:

– E também, quando o patrão manda servir *la comida*[7] a todos: isso acontece uma vez por mês, quando Gomez dá o treinamento especial aos cavalos! Então, após o treinamento, nos reunimos e servimos as *tapas*[8] *com xerez*[9].

A menina, animada com as narrativas do cotidiano, indagou conclusiva:

– Liana... Deve ser muito bom viver aqui! Não é? – conversava, tentando acertar os passos com os da ama, esticando seu pequeno pescoço para ver-lhe o semblante.

– De certo, modo sim! Você me dirá com o tempo! – Fez leve menção com os olhos, atraindo a atenção da menina para o campanário. – É ali!

Ao centro de um imenso jardim, ligando-se à casa central por um caminho de pedras, ficava o campanário. Edificado sobre paredes rústicas, cravejadas com vitrais, que encimavam as *ventanas*, aberturas em arco, como amplas janelas onde a luz e a brisa eram recepcionadas livremente. Trazia no cimo,

---

7. Almoço na Espanha. Lá, almoça-se entre a 1 e meia e as 4 horas da tarde. É a principal refeição do dia para os espanhóis.
8. As *tapas* são uma tradição em Andaluzia, iguaria muito comum nos bares, como acompanhamento de vinho ou cerveja com um prato de azeitonas. Alguns historiadores sustentam que a palavra "*tapa*" deriva do verbo tapar e teria origem em um costume da Idade Média, em que os copos de vinho eram servidos com uma fatia de presunto, queijo ou morcela por cima, para evitar que as insuportáveis moscas que apareciam no verão caíssem dentro dos copos de xerez, o vinho espanhol.
9. Andaluzia é a terra da vinha e da oliveira. Nessa região, produz-se uma grande quantidade de azeite e das uvas com um sabor especial, dos quais nasce o genuíno vinho "*xerez*". (Notas da médium)

majestoso e singular, um imenso sino de bronze, cujo badalo estava atado à parede pela corda, ambos aguardando o momento de servir, como se fizessem a *sesta* após o trabalho.

Conforme se aproximavam, o coração de Leandra ficava aos pulos. Avistou seus tios sentados à mesa. O tio, que ao vê-la, levantou-se alegremente:

— Ora, ora, já era tempo! Essa é a *muchacha*? — Agachou-se, para adequar-se a altura da sobrinha, e esticou os braços, oferecendo um abraço.

A menina corou, mas correspondeu à iniciativa do tio, abraçou-o também, lhe dando um beijo no rosto rosado.

— *Mui bela*, a menina! Não acha, Leonor?

— Sim, *mui bonita*! — Leonor, mirando a menina, correu a mão sobre os cabelos de Leandra, emoldurando-os, até pinçar as mangas da indumentária — Ainda mais com esse vestido novo! — Segurando-a pelos braços, buscou na sobrinha os traços da irmã, e, após apreciá-la minuciosamente, concluiu:

— De Consuelo só tem os olhos!

Na vila, todos diziam que Leandra parecia-se com Pedro, mas ela mesma pouco poderia dizer, pois não conhecera a mãe querida. Lembrou-se da imagem da mãe num broche, pintado em Zaragoza logo que os pais se casaram, e afirmou:

— Mamãe era *mui bela*! Gostaria de parecer-me com ela!

— Não precisa se parecer com ninguém! A beleza já lhe caiu bem demais! — afirmou o tio, enquanto soltava uma larga risada com a espontaneidade que lhe era habitual.

Leonor, disfarçando leve irritação, fez um gesto, empurrando-lhe o copo de xerez.

— Seu tio já bebeu muito *vino* por hoje!

Os Rodriguez e Leandra sentaram-se à mesa. Alongaram-se em perguntas e conversações no intuito de se conhecerem. Os tios se impressionaram com a vivacidade da menina, que, curiosa, se interessava por todos os assuntos, desde os rotineiros até as histórias da família, com quem nunca tivera contato. Soube do falecimento dos avós maternos, do desaparecimento de uma outra parte da família, que ocorreu após os conflitos na Catalunha. Percebeu, por fim, que a única família era formada pelos tios e entes queridos que ficaram em Aragão.

— *Papá* me disse que eu tinha uma prima! — E, rodando-se na cadeira, buscava a personagem a sua volta. — Onde está ela?

O casal emudeceu. Entreolharam-se desconcertados, como se um elegesse o outro para falar a esse respeito. Até que a tia abriu a boca para falar:

— Tínhamos uma filha. Ela se chamava Eloísa. Há dois anos adoeceu seriamente...

Leonor, tentando não se aprofundar em lembranças tão dolorosas, desfechou o assunto com certa aspereza:

— A tuberculose a levou de nós.

A menina abaixou os olhos, lamentando ter feito a pergunta.

O Coronel, diante da cena inesperada, num rompante, levantou-se empurrando a cadeira com as costas das pernas. Jogou "pá de cal" no assunto, dando novo rumo às ideias.

— Vamos conhecer a fazenda? O que acha, *muchacha*?

Leandra concordou de pronto, era o melhor a fazer.

— Alvarez, traga-me dois cavalos para a monta! – ordenou ele, por cima dos bigodes, ao peão que transitava ali. Depois, cismou:

— Você monta, *muchacha*? Ou acaso puxou à tia e morre de medo?

Vendo o olhar que a tia lhe lançou, titubeou:

— Montava com o *papá*, mas animal pequeno!

— Oras, aqui não tenho burro xucro! Terá que montar um cavalo de verdade! E aprenderá comigo a domar o bicho!

— Antonio, não se esqueça que ela é uma menina!

Leandra abriu um olhar de surpresa e riu-se toda:

— Antonio é o nome dele, tia?

— Sim – esclareceu –, mas poucos o chamam assim! Por que riu disso?

— Tia – disse, tentando fechar o riso para não parecer debochada – o burrico do *papá* chamava-se Antonio!

Ambas riram do Coronel, que fechou o cenho, para fazer-se sério.

Percorreram toda a propriedade do Coronel, que tinha gosto em mostrá-la. Enchia o peito, envaidecido por ver suas conquistas refletidas naquela imensa propriedade.

Chegando perto do campo de treinamento, avistaram Gomez, que ajudava a marcar um cavalo com o nome do haras.

— *Buenas, hombres!* – trovoou o Coronel ao pequeno grupo que rodeava o animal.

– *Buenas*, Coronel! – responderam em uníssono.
– A que horas da manhã será o treinamento do *Alazán*? – inquiriu o patrão de Gomez.
– Às sete da matina, Coronel!
– Ótimo! Trarei Leandra para assistir!

Os empregados olharam curiosos para o objeto da atenção do Coronel; a menina se revirou em cima da cela, desconcertada pela atenção dispensada.

– Vamos, *muchacha*, já está tarde para ficar aqui, e logo o sereno vem! Amanhã cairá cedo da cama!

Chegando à sede, a menina foi contar suas aventuras a Emiliana, que lhe preparava um lanche.

– Sim, faz muito bem em alegrar o coração de seu tio. Parece que simpatizou contigo! Agora vá se preparar para dormir. Aqui, todos dormem cedo, irá aprender!

Chegando ao quarto de hóspede, já trajada para dormir, deu um salto, lembrando-se, de repente:

– Liana! Onde está aquela caixinha? Você viu?
– Qual? Aquela amarrada com um laço de corda?
– Sim! Essa mesma!

Emiliana ergueu-se, tirando-a de dentro do baú de roupas.

– Parecia algo importante e guardei-a para você.

A menina desfez o laço com avidez, abriu a caixinha e, surpresa, mostrou à ama.

– Veja, Liana! Papai deu para mim! Aquele broche com o rosto de mamãe! – Beijou com carinho o broche e, percebendo outro volume na caixinha, intrigou-se:

— E isso... o que será?
— Parece um livro, querida!
— Mas eu não sei ler! – lamentou, esticando-o para a ama. Emiliana redarguiu:
— Eu também não sei ler, meu bem!
— Liana, falarei com meus tios amanhã! Quero estar pronta para quando *papá* vier me buscar! Ele me disse que eu deveria ser uma moça culta! Preciso aprender a ler, não é?
— Certamente, menina! As moças cultas sabem ler! Agora, adormeça e tenha uma boa noite!

A ama cobriu a protegida, reduziu a luz da cabeceira e retirou-se do cômodo com leveza.

E, no silêncio de seu quarto, a criança fitou a luz pálida que vinha da lamparina e sentiu saudades do genitor. "Boa noite, *papá*, que Deus lhe abençoe", disse mentalmente, relembrando o quão doce soavam essas palavras nos lábios de seu pai todas as vezes que a colocava para dormir.

CAPÍTULO 6

José Gomez

ÀS SETE DA manhã, todos estavam reunidos no campo de treinamento, que consistia numa ampla circunferência, com chão de terra fofa e paredes de tapume reforçado. Pequenas aberturas intercalavam-lhe a rigidez, compensadas por pesados portões que se mantinham comumente cerrados.

A expectativa era perceptível pelos burburinhos que se avolumavam consoante a hora aprazada.

Para o Coronel e seus convidados ficava reservada pequena plataforma, que mais parecia um palanque, com cadeiras estofadas e cobertura para o sol.

– Tio... Por que tanta gente?!

Observando a movimentação, que dizia da notoriedade de seu haras, com um sorriso de satisfação, esclareceu:

– Esse é o treinamento especial dos cavalos, que desperta a curiosidade do povo local! No último domingo do mês, recebemos convidados e curiosos para assistir à exibição!

— E por que esse treinamento é especial?

O Coronel levantou o chapéu na direção da testa, aliviando o suor da cabeça, esfregou a ponta dos dedos no couro cabeludo, num gesto acabrunhado.

— *Muchacha*! Você assistirá à conclusão do treinamento de nossos melhores cavalos! Depois de adestrados, necessitam dar prova de sua bravura, enfrentando os touros, o que atestará o preparo para as *plazas*!

Logo, tocaram um clarinete, anunciando o início do treino. O silêncio senhoreou-se do ambiente.

De uma das grandes aberturas da circunferência, do alto do Alazán, surgiu Gomez. Cavaleiro e cavalo sincronizados na mesma atmosfera garbosa, sabiam ser o centro da atenção. Diante das palmas, que se agitavam por toda a arena, Gomez correspondia com um aceno de chapéu, e o Alazán batia a pata dianteira, intercalando assim suas largas passadas.

Percorreu todo o círculo, exibindo o porte do animal, que estava envolto numa roupagem protetora e de olhos vendados.

Gomez também se vestia soberbamente, complementando a indumentária colorida, além das botas de cano alto, as pernas eram protegidas por uma sobreposta calça de espesso couro, um *pantalon*.

Outros cavaleiros de importância secundária adentraram logo após, como se fizessem parte de uma coreografia de fundo.

Uma pequena banda dava ritmo à apresentação dos animais e adestradores, combinando os sons de *maraca*, clarinete, tamborim e guitarra. Era para os espanhóis uma *fiesta*.

Por fim, eis o vilão do teatro: o touro *jabonero*[10] e *capacho*[11] entrou ofegante, assustado com a agitação humana. Já fustigado nos bastidores, para lhe exaurirem as forças com lançadas pontudas e pauladas. Cornos serrados até a zona viva, deixando de ser um espetacular oponente da batalha desigual, para tornar-se a vítima certa daquela manhã.

Leandra remexeu-se na cadeira e, apesar de ver a concentração do Coronel, arriscou interpelá-lo:

– O touro está sangrando?

– Sim, sim, pequena! É um animal muito bravo, precisa de freios!

A menina arregalou os olhos e mordeu levemente a mão, num conflito entre curiosidade e medo.

Os cavaleiros, com exceção de Gomez, investiam contra o touro que tentava alvejar os algozes com seus cornos sem pontas. Cada qual com uma lança rompia-lhe o couro, ora no dorso, ora no pescoço. O animal urrava diante do açoite contínuo, e cada golpe incitava-o contra os cavaleiros, fazendo crer, aos ignorantes, em sua maldade e braveza.

Gomez aproximou-se do touro num galope dançante, erguendo uma bandeirola em arpão que, com maestria, incidiu profundamente. Enquanto o *Jabonero* golpeava as patas no ar, bramindo e saltando, numa tentativa de se safar da lâmina, a flâmula sinalizava a vitória vindoura do *rejoneador*.[12] Várias

---

10. Touro de pelagem clara.
11. Classificação de touro que possui os chifres abertos no alto da cabeça.
12. Pessoa que toureia a cavalo. (Notas da médium)

bandeirolas foram aplicadas no dorso, já aberto e tingido de sangue. O animal ia cambaleante, quando recebeu o golpe derradeiro. Gomez desceu do Alazán, tirando da bainha uma espada reluzente. Aproximou-se do animal, desviando-lhe a atenção, que já lhe era fugidia, e mirou-lhe o peito, perfurando-lhe o coração.

O *Jabonero* caiu de imediato, batendo o corpo troncudo no chão, erguendo uma nuvem de poeira. Olhos estatelados e língua caída para fora da bocarra.

Gomez arrancou a lâmina do corpanzil inerte, retirando o excesso de sangue do couro do animal morto. Ergueu-a de braços içados, triunfando com a multidão ensandecida.

Leandra ruborizou-se, não sabia se chorava ou se gritava juntamente com os demais. E, para seu espanto, o espetáculo de horror não havia terminado. Com um punhal afiadíssimo, Gomez separou a cauda do touro, arrancando-a e erguendo-a como um troféu.

A menina, boquiaberta, deixou cair seus olhos do troféu estirado aos olhos do algoz e viu um brilho tão intenso que não soube definir. Aquela imagem lhe doera mais que todo o resto. Estremeceu e pediu para descer do palanque, para ter com Emiliana.

O tio assentiu prontamente. Ele estava totalmente absorto com os vários cumprimentos que recebia pelo espetáculo.

Leandra correu ao campanário, pois sabia que a ama estaria lá, onde várias pessoas cuidavam da refeição, tradicionalmente servida no dia de treinamento especial.

— Liana! Acabo de vir do treinamento de Gomez! — Leandra fez leve pausa no que estava dizendo, enquanto continha a respiração ofegante, e prosseguiu... — Você já viu o que se passa ali? Foi horrível! Todos aplaudem Gomez, enquanto o animal é morto, todo perfurado! Ele arrancou o rabo dele e ficou rindo!

— Ora, menina! Aqui em nossa terra isso é muito comum! Você nunca havia assistido a uma corrida de touros?

A menina negou com a cabeça.

— Então, é por isso! Logo se acostuma! Agora, por exemplo, estou preparando os acompanhamentos de *La comida*, e a carne que vou preparar virá lá do treinamento de Gomez. — Deu de ombros enquanto colocava a *paeja* no calor das brasas.

— Você cozinhará o touro *Jabonero*?!

— *Si, si! Como no?* — Riu-se a ama.

— Eu não vou comer isso! — A menina retorceu os lábios, enquanto apalpava a boca do estômago tentando conter o asco.

— E por acaso não come carne? — retrucou Emiliana.

— Como, às vezes, mas nunca de um bicho que conheci, e ainda mais que vi sofrer desse modo! — Lembrou-se da expressão do *Jabonero*, enquanto torturado e morto, e arrepiou-se toda.

— Querida, todos os animais sofrem quando são mortos! *"Ojos que no ven, corazón que no siente"!* — E digo mais! — Emiliana, agora, parecia envolver-se em uma nova atmosfera. Sua boca seguia a um comando sutil, e sua fala estava mais mansa e amorosa — Sempre que passar a enxergar uma verdade, o seu coração lhe pedirá mudanças que nem sempre a sua mente irá atender. O tempo que levará para se modificar será aquele mesmo tempo em que sofrerá com a dor da recusa. Não se pode deixar de seguir a voz de um coração que pode ver.

    A menina ficou confusa. Emiliana, que parecia profetizar, mirava fixamente seus olhos, com uma energia diferente, como se ambas se afastassem de lá por alguns segundos, que mais pareciam uma eternidade. Abstraídas do que estavam fazendo ou dizendo, só para ouvir aquelas palavras ditas pela boca da ama. Lembrou-se de seu *papá* e começou a chorar. Abraçou a ama que também estava sensibilizada e aturdida pela experiência.

    A tarde se seguiu, levando consigo as festividades. A solidão da natureza se expandiu na fazenda que, serena, clamava pela noite suave.

    Leandra se deixou envolver num estado de reflexão e eflúvios de paz. Até repousar serena.

CAPÍTULO 7

O sonho

ENQUANTO Leandra dormia, havia, perto de seu leito, dois amigos do plano espiritual a trocar confidências:

— *Ela entrará em transe, vencendo a perturbação comum ao espírito encarnado.*

— *Leandra poderá nos ver? Saberá que sou eu?*

— *Sim, Pedro! Verá a você, somente. Porém, não terá, ao despertar, a consciência de tudo o que se passou, durante nosso reencontro. Apesar de ser uma experiência forte, que será registrada em seu espírito, sua mente de encarnada poderá convencer-se de que se trata simplesmente de um sonho. Agora, necessitamos ajustar nosso padrão vibratório de modo que a comunicação se estabeleça.*

Ambos observavam o fenômeno do desdobramento perispiritual, que ocorre tal qual o desenlace de uma borboleta do denso casulo que a submetia. Auxiliavam-na com a aplicação fluídica, para que a alma de Leandra alcançasse maior lucidez.

Seu corpo espiritual mantinha a forma de crinaça, porque assim a sua mente humana o imaginava. Não estavam mais no quarto propriamente dito, mas, transportados para outra dimensão, em esferas mais elevadas. Hamim, o mentor querido da família, tudo comandava, dada a sua ascensão moral e, consequentemente, maior entendimento da vida etérea.

— *Papá! Você veio me buscar?!* — reportou-se a Pedro com emoção, buscando o seu colo.

— *Eu vim vê-la, meu amor! Estava com muitas saudades!* — Afagou-lhe a cabeça com carinho. — *Mas ainda não é o momento de buscá-la!* — Pedro imprimia em sua voz uma ponderação, que estimulava a compreensão da filha. — *Você já começou os seus estudos? Por acaso já leu o livro que lhe enviei?*

A menina afastou o rosto do colo paterno e, mirando seus olhos umedecidos nos do pai, explicou-se:

— *Eu não sei ler, papá!*

— *Tudo bem, minha filhinha! Mas será importante buscar a instrução! Você se transformará em uma pessoa melhor e mais preparada para as provas que virão!*

— *Mas, papá! Falei com a tia Leonor sobre isso! E ela me disse para eu não me preocupar, que a mulher não precisa de muito estudo! Ela mesma não estudou em escola... mas conseguiu um bom casamento que lhe garantiu o futuro!*

— *E o que você acha disso?* — Fez uma breve pausa, para que a filha pudesse refletir, e continuou — *E se não tiver nos planos de Deus um bom casamento para você? O ensino a favoreceria em muitos aspectos! Encontraria outras formas de ser útil aos semelhantes! Lembra-se de quando eu lia para você aquelas histórias, enquanto nevava e não podia sair para brincar? Você não se sentia mais feliz?*

— Sim, *papá*! Era muito bom ouvir aquelas histórias! Parecia que eu estava naqueles lugares, vivendo aquelas coisas!

— *Então, meu bem! A leitura faz isso com a gente, nos desperta para outras possibilidades e estimula as boas iniciativas!*

Leandra meneou a cabeça, concordando:

— *Papá*, promete que se eu estudar direitinho virá me buscar?

— *Prometo, minha filha! Quando estiver pronta eu virei!*

Sentiu-se aliviada com a promessa paterna. Olhou ao redor, viu-se num campo imenso e verdejante, iluminado e fresco, salpicado pelas cores das diversas flores campestres, e declarou:

— Que lugar lindo é esse! Gostaria de morar aqui com você!

— *Escolhemos esse lugar para nosso reencontro, porque desejo que ele fique gravado em sua lembrança, como um símbolo de esperança e de fé!*

Ambos contemplaram a natureza exuberante e inspiraram profundamente as energias salutares do lugar. Pedro olhou ternamente para Leandra e lhe disse:

— *Mesmo que esteja um dia num lugar não tão belo, lembre-se deste campo florido, ele aparecerá dentro do seu coração, e a sensação será a mesma que experimenta agora! Sentirá a paz que vem do amor de Deus, do qual procedem todas as vidas.*

A menina concentrou-se naquela imagem, num esforço para guardá-la em sua memória. Sentiu que era importante atender à orientação paterna. Pai e filha, de mãos dadas, percorreram aquele vale fulgurante até a beira de um riacho; estavam imensamente gratos pela oportunidade, entreolharam-se sorrindo...

– Leandra, acorde! Como está dorminhoca hoje!

A ama trouxe-lhe o leite com *rosquillas*, um pouco de manteiga e mel. Abriu as cortinas, deixando o sol entrar na penumbra do quarto.

A menina acordou sorrindo, num contentamento incomum. Beijou Emiliana várias vezes, comeu as *rosquillas*, molhando-as no leite, e saiu para brincar.

– Será que Nina já se levantou? Quero chamá-la para brincar comigo!

– Deixei-a acordada e passei-lhe os afazeres quando saí de casa! Mas como você está tão contente hoje... deixarei que brinquem logo cedo! – A ama riu, contagiada pela alegria da menina.

– Vá, *muchacha*! Aproveite a infância que vai como o vento! Vá se divertir enquanto pode!

A pequena Nina era filha de Emiliana, um pouco mais velha que Leandra. Ajudava a mãe nos afazeres domésticos, enquanto Emiliana servia a família Rodriguez. Além disso, na fazenda, também tinha o seu ofício: tratava dos bichos menores, alimentando-os e limpando os dormidouros.

Desceu o caminho que levava à vila dos empregados, chamando Nina ao portão:

— Nina! Nina!

O cão pastor veio antes, anunciando a visitante. Logo atrás surgiu a amiga que, ao vê-la, sorriu.

— Vamos brincar no pomar? Sua mãe já deixou!

— Sério?! E os afazeres?

— Ela disse que poderá fazer mais tarde! — Vendo que a amiga vacilava, deu alguns pulinhos chacoalhando as mãos. — Vamos! Depois ajudo você com os bichos!

— Tá! Vou levar o Zorro com a gente! — O cachorro que estava até então balançando a língua pra fora da boca, ao ouvir seu nome, agitou-se todo.

Adentraram o pomar. Estava carregado das olivas e vestia as saias de raios-do-sol.

Corriam em volta das árvores, usufruindo do frescor e aroma, até chegarem à árvore preferida: aquela de tronco inclinado, que lhes favorecia a subida. Lá do alto, já com as mãozinhas cheias de frutinhas verdes, miravam alternadamente uma barrica que lhes servia de alvo e estava cheia de azeitonas até a metade.

— Hoje eu tive um sonho lindo, Nina!

— É?! Conta!

— Sonhei com *papá*! Ele me levou para um passeio maravilhoso! O lugar era mais bonito que este! Disse que virá me buscar assim que eu aprender a ler!

— Ele disse isso? E como você aprenderia a ler?

— Então, eu disse pra tia Leonor que gostaria de frequentar a escola! Ela disse que ia ver, mas para eu não me preocupar agora, porque, além de ser nova, sou mulher e, por isso, não preciso de estudo!

– Nossa! Ainda bem que é só um sonho, Leandra!

– Você acha?

Nina acertou a barrica e festejou, esquecendo-se do que diziam. Leandra riu da amiga e, passada a graça, suspirou. Zorro ladrava lá embaixo, tentando chamar a atenção das duas. O riso de Leandra foi se fechando, conforme se lembrava da conversa que tivera na véspera com a tia sobre a escola.

– Às vezes, tenho a impressão de que minha tia não gosta muito de mim!

– Por quê, Leandra?

– Não sei... quando vou abraçá-la, não me sinto querida por ela! Quando me olha, parece me reprovar... fico achando que estou fazendo alguma coisa de errado. Não consigo ficar à vontade na presença dela!

– Deve ser impressão sua! Dona Leonor é séria com todo mundo! Ficou ainda pior depois que Eloísa morreu!

Leandra ergueu as sobrancelhas. Seus olhos despertaram com as últimas palavras de Nina. Nunca ninguém havia falado da morte da prima. Emiliana era muito reservada quanto à intimidade dos Rodriguez. Agora, encontrava alguém que se atrevia a comentar...

– Nina... o que sabe sobre a morte de Eloísa?

Nina, percebendo a curiosidade da amiga, começou a falar com mais entusiasmo dos acontecimentos de dois anos antes.

— Minha mãe não fala muito sobre isso! Mas o que eu sei é que tudo ficou diferente depois que Eloísa morreu... Ela era muito ligada à mãe, que a mimava em todas as vontades!

— Vocês não brincavam? Ela tinha a sua idade, não é?

— Que nada! — Nina deu de ombros, mas tentou disfarçar a contrariedade, virando o rosto enquanto explicava:

— Ela nunca quis brincar com os filhos dos criados. Sua tia a protegia de tudo e de todos. Vai ver que é por isso que culpa o seu tio... — Olhou para Leandra, que bebia suas palavras, e mordeu o lábio, calando-se.

— Ela culpa o meu tio de quê?

— Deixa pra lá. É melhor a gente cuidar dos bichos... já está muito tarde... — Foi se agarrando ao tronco da árvore e soltando-se aos pouquinhos, até alcançar o chão.

— Nina, espere! Eu vou com você! Mas eu quero saber, conta!

— A minha mãe não gosta que eu fale sobre isso! Já ralhou comigo antes. Mas eu ouvi uma vez Dona Leonor dizendo para o Coronel que ele era o culpado pela morte da filha!

— Mas isso não é verdade. Ela morreu porque ficou doente dos pulmões! Não foi?

— É verdade! Mas o Coronel, no dia anterior àquele em que a filha adoeceu, insistiu com a Dona Leonor para que a deixasse cavalgar com ele... disse que ela nunca lhe havia dado um filho homem e que ela lhe devia isso. Justo naquele dia caiu uma chuva muito forte, e os dois voltaram ensopados. O resto você já sabe.

— Coitado! Como poderia saber que ela adoeceria? — Leandra compadeceu-se do tio. Já havia percebido a frieza com que a tia o tratava; ela mesma já experimentara a indiferença da tia, mas se incomodava com tal tratamento.

Seguiram pela ruela sinuosa que levava aos criadouros. Muniram-se de ração e água e foram fazendo a limpeza dos recipientes e recintos.

A tardinha caía suave, levando o abafado do dia, que se embalava na brisa mensageira do anoitecer. Leandra acercou-se de Emiliana, que lhe preparava o banho. Estava cheia de dúvidas, mas sabia que precisaria de jeito para romper o silêncio da ama. Começou a observá-la, imaginando a melhor forma de tocar no assunto, sem revelar o que já sabia.

— Ama! Você acha que a tia Leonor gostaria de ter mais filhos?

Emiliana continuou a encher a banheira, como se estivesse alheia ao questionamento da menina que, vendo a atitude dela, insistia:

— Eles devem se sentir tristes sem filhos, não é?

A serva continuava concentrada no que fazia. Misturando a água e tornando-a tépida, asseverou:

— Sua tia não aceitaria ter outra criança no lugar da filha morta! É assim que ela pensa.

— Mas quem sabe dessa vez não viria um menino que o tio tanto deseja?

Agora, mirando os olhos nos da menina como quem só viu o rabo do gato, inquiriu:

– Como sabe disso?

A sobrinha do Coronel empalideceu. Achou que a ama estivesse distraída e deixou as suas palavras delatarem a confissão de Nina.

– Bem, eu imagino.

– Você imagina demais! Isso não é assunto para crianças. Agora, tome o seu banho que vou trazer o seu lanche.

Deixou para trás o quarto e bateu a porta com mais vigor que o normal. Com o estampido da porta, Leandra percebeu que avançara demais com a ama, e ficou lá parada, tentando entender o porquê de tantos segredos.

CAPÍTULO 8

Leonor

DEZ ANOS se passaram.

O tempo encarrega-se das providências, atuando tanto na vida terrena como na vida etérea, só que em proporções diversas para cada dimensão. Quanto mais denso o veículo e o meio, maior deverá ser o esforço, causando a sensação de menor fluidez. Por outro lado, a sublimidade mais suscetível às mudanças, diante de uma força atuante, dá aos acontecimentos uma sensação de maior brevidade. O espírito errante necessita da matéria para expurgar suas imperfeições e ascender. Beneficia-se da alternatividade de planos, como a imagem registrada na película, que necessita alternadamente da luz para que se materialize, e da escuridão para que se dê o contraste, revelando assim o que traz em si. O encarnado, que vive nas duas dimensões, ora desperto na matéria ora no plano espiritual, entre o sono e a vigília, se mantiver uma atitude harmoniosa com a lei de evolução, obterá resultados intensos e profundos para a sua marcha evolutiva. Qual a utilidade prática dessas informações? Diante de uma prova difícil, o aprendizado inevitavelmente acontecerá, mas em momento singular e de forma específica, para cada envolvido.

Leonor perdera a filha querida, assim como Antonio, já havia doze anos. Conforme as experiências vivenciadas por cada espírito e o grau de evolução para os diversos aspectos da existência, tanto a dor como o aprendizado se processarão em níveis diferentes. Para Eloísa, que sofreu a mudança de plano, a morte tivera, ainda, outra conotação, bem diferente daquela vivida para quem ficara no plano físico. Por isso, torna-se difícil compreender a extensão da dor de cada pessoa. Porque, além da causa principal e aparente, existem outros fatores que são "invisíveis", fatores que, em geral, julgamos inexistentes.

Emiliana observava a patroa, que se reclinava na espreguiçadeira da sala, balançando-se lentamente. Alternava a vista, entre a ampla janela e o quadro pintado da família. Mas seu olhar ia longe, muito distante da penumbra do cômodo.

A serva, sem desejar invadir a privacidade de Leonor, pigarreou antes de aproximar-se e falar-lhe.

— A senhora deseja algo? Um chá, talvez?

Leonor limitou-se a mover os olhos:

— Um chá... — Deu um breve suspiro, e retornou à postura anterior.

Dirigindo-se à cozinha, Emiliana aproveitou as brasas do forno, puxando-as para baixo da boca do fogão. Apoiou a chaleira e ficou observando o processo. "Dá para sentir a tristeza se arrastando pelos assoalhos dessa casa", cismou consigo mesma. "Quanto tempo demorará o Coronel para regressar dessa expedição? Ao menos, ele consegue divertir um pouco o ambiente, com suas troças... E Leandra, que não encontra mais graça em nosso convívio. Vive agora de lá para cá com Gomez, que lhe parece até um criado... é claro, o Coronel mandou que ele a atendesse em todos os gostos".

O vapor vindo do bico da chaleira tocou seu rosto, despertando-a dos pensamentos. Curtiu as ervas, escoou o líquido e guarneceu a louça branca pintada, com a bebida quente. Acomodou a xícara na bandeja e enriqueceu o chá com *rosquillas* amanteigadas. Depositou tudo na mesinha de canto, ao lado da patroa, e, antes de lhe servir, consultou-a:

– Quanto de doce?

– Um torrão está bem – Leonor se endireitou na cadeira.
– Onde está Leandra?

– Não sei, patroa. Parece que ia à cidade ver uns vestidos.

– Agora não tem mais parada? Vou falar com Antonio, ele está estragando essa menina com tanto mimo!

Emiliana, vendo a irritação de Leonor, retraiu-se, e, olhando para os pés, arrumou bem as palavras antes de dizê-las:

– A senhora também gostava de se arrumar mais, comprava lindos vestidos!

Leonor olhou-a por cima da xícara, vendo-a corar-se:

– Por acaso me julga relaxada?

– Não, Senhora! Só digo que antes se interessava mais por esses assuntos... a senhora ainda é jovem, e o Coronel também.

— Percebendo a seriedade com que Leonor a olhava, teve receio de prosseguir no que dizia e encerrou, polidamente:

— Só estou tentando animá-la, senhora, me desculpe!

— Eu não preciso de ânimo, Emiliana! Preciso de sossego. Agora pode ir, obrigada pelo chá!

A serva flexionou os joelhos e retirou-se. Aquelas palavras, vindas naquele tom, dilaceraram-lhe as boas intenções. Sentiu-se incompreendida e julgou-se inconveniente. Gostava de Dona Leonor e ressentira-se com a sua dureza. "Em outros tempos, meus conselhos eram levados em consideração; agora, eu sou tratada como se fosse a mobília da casa".

Sem se dar conta, dela partiram sutis emanações escuras, que agiram como dardos pungentes na atmosfera psíquica de Leonor.

Na sala, Leonor se contorceu na cadeira, acrescentando à sua alma inquieta maior irritação. "Como ela se atreve a dar palpites sobre a minha aparência... só me faltava isso! Já tenho tantos aborrecimentos... Leandra que se acha uma princesa... na verdade, tinha uma vida miserável... Tivemos piedade em acolhê-la aqui... Antonio parece um tolo na mão dela e nem nossa filha ela é". Atraído pelo teor dos seus pensamentos, aproximou-se um espectro, em forma feminina, em visível desequilíbrio. Acercou-se dela e entrelaçou-se ao seu perispírito, dada a sintonia a que ambas se submetiam. Leonor estremeceu, sentiu-se arrepiar dos pés à cabeça. Julgou ser a mudança de tempo, com a aproximação da noite. E, agora, viviam as mesmas ideias e sentimentos, com maior intensidade.

Passado dois quartos de hora, chegou ao haras a carruagem do Coronel. Leonor, que adormecera, despertou-se com a diligência, ajeitou os cabelos com a ponta dos dedos, arrumou o xale nos ombros e ficou esperando na varanda.

Da boleia saiu primeiro o Coronel. Leonor alegrou-se em vê-lo, mas, surpresa, observou que ele se virou para a cabine, esticando o braço para apoiar a descida de Leandra, que pulou em seus braços, entrelaçando-lhe o pescoço; ele, aproveitando-se do movimento, fez um leve rodopio e beijou-lhe o rosto; ela sentiu cócegas com o toque de seu bigode, e isso foi motivo de riso entre os dois.

Leonor empalideceu com a cena, que durou apenas alguns segundos, mas para ela pareceu durar horas. Um frio aterrorizante invadiu-lhe as entranhas, talvez porque quase todo o sangue de seu corpo tenha lhe subido à cabeça. Tentou disfarçar o que estava sentindo, corrigindo o semblante, mas gerou um meio sorriso.

– Ora, ora, Leonor! Estava me esperando? – O Coronel ajuntou-se a ela e lhe deu um beijo nas bochechas, que agora estavam quentes. – Está com febre, mulher?

– Não! Não! Acho que tive uma leve indisposição!

– Vou me lavar, estou todo cheio de poeira. Já volto para conversarmos.

A tia espichou-se para ver Leandra, que ainda estava entretida com os pacotes acomodados no alto da boleia.

– Gomez! Alcança aquela caixa para mim? – pediu Leandra, sinalizando ao capataz.

— Eu levo para você, senhorinha! — Gomez riu-se ao dizer isso.

Leonor observava a atitude dos dois jovens e, especialmente, os modos da sobrinha. Ficou mais evidente, naquele momento, quanto a menina havia crescido e se tornado uma bela mulher. Todos pareciam desejosos de atendê-la, como se a sua graça e beleza exercessem, especialmente sobre os homens, uma força irresistível.

Enquanto a sobrinha trazia uma caixinha rosada, segura entre as delicadas mãos, Gomez, logo atrás, carregava o restante dos pacotes. Leandra, vendo a tia, sorriu:

— Veja, tia, o que trouxemos para você! — Entregou-lhe a caixinha e ficou esperando que a tia a abrisse.

Aberta a caixa, tirou de lá um xale acetinado de cor carmim, com algumas lantejoulas miúdas, douradas e rubras, formando delicados desenhos florais.

— O que é isso, menina? Por acaso acha que eu usaria isso?

Leandra fechou o riso, sentiu a boca amargar diante da reação inesperada da tia:

— Como assim, tia?! As mulheres estão usando esses xales coloridos, eles são mais alegres. Não acha?

— Eu não sei qual tipo de mulher está usando isso! Talvez o mesmo que compre um desses xales...

A sobrinha de Leonor ficou pasma, e, para não romper no choro ali mesmo, correu para o refúgio de seu quarto.

Gomez ficou sem graça e apressou-se em deixar os pacotes na soleira da porta, despedindo-se e retirando-se.

O Coronel, que estava ausente no decorrer da cena, só teve tempo de ver a sobrinha saindo em chispa.

— O que houve, Leonor?

— Foi bom acontecer isso, pois há algum tempo eu quero lhe falar sobre Leandra!

— O que ela fez?

— Nada, por enquanto, mas as suas atitudes não condizem com uma moça do nosso nível. Ela é muito dada. Fica de sorrisos com todos os homens... isso é próprio das moças de má vida... E esse xale que me comprou... Bem mostra o seu gosto inadequado...

O Coronel fechou o cenho, apertou os olhos enquanto ouvia a mulher discorrer sobre suas ideias; quanto mais ela falava, mais distante ficava a sua voz. Sentiu-se numa trovoada, em que os barulhos menores ficam imperceptíveis, e qualquer tentativa de comunicação torna-se inviável. Quando por fim ela fez menção de encerrar, ele falou:

— Gostaria que soubesse que eu comprei esse xale para você! Ela só me ajudou a escolhê-lo. Encontrei Gomez e Leandra no mercado principal, onde eu intencionava comprar-lhe um mimo. Afinal, eu estava regressando de uma longa viagem, nutria esperanças de, após todo esse tempo, reencontrar a mulher pela qual me apaixonei um dia. Quem sabe a saudade que teríamos um pelo outro não pudesse ressuscitar o sentimento que nos uniu em matrimônio!

Leonor ensaiava o que iria dizer, abria e fechava a boca, e a fala se abafava pelo constrangimento. Uma força maior a impedia de declinar da sua posição crítica. Não conseguia modificar seu estado de alma. Apesar do engano, que ficou estampado quanto ao xale, alimentava ainda os mesmos sentimentos pela sobrinha, só não tinha mais a prova, mas ainda estava cheia de motivos íntimos.

Diante do silêncio da mulher, o Coronel pegou seu chapéu e resmungou:

– Vou dar uma olhada nos cavalos!

Emiliana entrou no quarto de Leandra, trazendo-lhe um suco, que mais lhe servia de pretexto, para levar acalento à pupila. Ela estava em prantos. Quando percebeu a presença da ama, ergueu o corpo antes inclinado sobre a cama, recostando-se na cabeceira, ajeitou os cabelos, enxugou as lágrimas e respirou profundamente.

O silêncio ficou ali entre as duas, servindo de leito para os pensamentos. Uma não sabia o que dizer, por não compreender o suficiente. A outra não queria dizer nada, para não ser tendenciosa, pois trazia a alma fustigada pelas palavras ásperas da patroa.

A ama sentou-se ao lado de Leandra, rompendo a distância que as separava, ofereceu-lhe o colo e acalentou os seus cabelos demoradamente, como se o tempo não importasse mais.

Passada a raiva, a mágoa sustentou as palavras de Leandra:

– Quero sair desta casa, Emiliana.

– O que está dizendo, menina?!

– Não aguento mais ficar aqui... ela me odeia, eu sinto!

– Você está abalada com o que aconteceu... sua tia é uma pessoa muito triste, por isso magoa as pessoas assim...

— Eu não quero ficar triste como ela... parece que essa casa está abafando a minha alegria... tudo o que eu desejo fazer ela censura... eu necessito de liberdade... por ela eu ficaria aprisionada aqui, longe de tudo que gosto...

— E do que você gosta, Leandra?

— Eu gosto de dançar, de *fiestas*, de conhecer gente! Não sirvo para essa mesmice... — Refletindo sobre os próprios gostos, ponderou:

— Gosto da fazenda também, mas não suporto esse ambiente que "ela" criou... Eu sei que o meu tio é infeliz, está escrito em seus olhos.

— E o que uma mulher jovenzinha como você, poderá viver disso tudo? Para sair da casa de seus tios, só se for casando. Ou será repudiada pela sociedade, sabe disso...

— Não aceito isso, Liana! Quero ser livre! Fazer minhas escolhas, ter uma casa. Ah! Minha casa! Eu a enfeitaria de flores. Seria arejada e clara... Os cantos dos pássaros, o vento fresco, tudo isso me visitaria, e não teria esse ar pesado que tem aqui, esse silêncio que guarda segredos e dores.

Emiliana deu-lhe um beijo no cabelo, fez menção de levantar-se. Leandra sentou-se na cama e ficou esperando que dissesse algo, mas ela não o fez. Sorriu, lançou-lhe mais um beijo com a ponta dos dedos, deixando-a só, absorta em seus sonhos.

CAPÍTULO 9

O passado

A SOBRINHA dos Rodriguez trazia os pulmões extenuados pelo choro compulsivo. Os olhos congestionados e a garganta ainda dolorida. Deixou a cabeça largada sobre os travesseiros, para aliviar a pressão que sentia. Sua mente estava cansada de tanto pensar. Estava agora acometida por uma forte introspecção, tentando arrumar a desordem que aquele tufão de emoções causara.

Percorria sua casa mental como a vítima de uma catástrofe, vasculhando os destroços, encontrando na bagunça objetos antes perdidos. E nesse estado de alma adormeceu:

'Iala neros uenghani'. *A canção inundava a tenda, repleta de espectadores. O som do durbak dava o ritmo, as palmas agitavam o ar, que acolhia o movimento gracioso da dança. Sentia, com a pele seminua o toque de todos os olhares, como as rochas secas da beira-mar saboreiam as águas salgadas sem jamais saciar-lhes a sede. Seu corpo belo seguia complacente à guisa dos desejos próprios, mas ganhava em força e sedução no despertar da luxúria, como a vela que se ergue clemente a espera do vento. Difícil perceber a linha sutil que aparta o insinuar da vela e o acolher do vento. E a nau da sensualidade seguia caminhos sinuosos, rompendo a maré alta em busca de aventuras. Sem se dar conta dos perigos do oceano profundo, conduzindo-se pela força absoluta das águas quiméricas do prazer... A voz da prudência se perde ao longe, quanto mais avança a embarcação, como um grito abandonado na costa, cada vez mais sumido pelo bater das ondas, que vigorosas lambem o casco, a proa, o convés... O tilintar das moedas lançadas em comiseração era abafado pela algazarra...*

— *Eu quero aquela! Prepare-a para mim!*
— *Mas Habbad, aquela é a filha do mercador.*
— *Não importa! Eu pago o preço, mas se ele se negar nunca mais fará negócios nas minhas terras, nem em lugar algum nessas costas de mar.*

Ao fim das festividades, veio-lhe a notícia, como uma bomba:
— *Você foi vendida! Arrume-se!*
— *Como assim, Baba?*
— *Não me deram escolha. Tenho muitas bocas pra criar. Se não fizer o negócio estarei falido.*
— *Não pode fazer isso comigo, Baba!*
— *Cale-se! Não há tempo para essas cenas! Ou vai por bem ou à força!*

A caravana seguiu com as mercadorias compradas, e, junto dela, a jovem Mawiyah. Na chegada aconteceriam as bodas, que celebrariam o ingresso de Mawiyah ao harém do Sultão Habbad. O que lhe daria somente vinte dias para se safar do enlace forçado.

Com sua beleza, atraiu para si o interesse do jovem guardião do bando, Farhan, de absoluta confiança do sultão, que o considerava como a um filho.

Seduziu-lhe dia a dia, investindo em sua sede juvenil de volúpia. O rapaz entregou-se, após árduo combate entre os princípios de lealdade que retribuía ao sultão e os desejos que lhe queimavam a alma pueril e que ela prometia realizar em tórridos momentos sensuais.

– Serei sua, se me libertar desse jugo infernal. Não quero esse velho. Desejo somente você, meu Habib!

Teceram o plano que a libertaria na noite das bodas. Ela se apresentaria para a dança do enlace, e, no momento dos brindes, em que só participavam os homens, eles fugiriam pelos fundos, rumo a uma vida feliz na clandestinidade.

O fato é que o plano foi descoberto antes de totalmente concluído e os guardas partiram no encalço dos amantes. Encontrados e trazidos, Farhan sofreu a pena de morte, e Mawiyah a de constrangimento. Foi subjugada sexualmente, primeiramente pelo sultão. Após deleitar-se, ele a esbofeteou, dando-lhe a sentença:

– Agora, para que não deseje a mais nenhum homem da minha guarda, servirá a todos! – Entregando-a, assim, aos caprichos de todos os seus homens.

Viveu em constrição no harém, dobrando seu orgulho, aprendendo a servir ao amo com primor, como a escrava dos prazeres. Ganhou regalias, destacando-se como a mais ardente das odaliscas, e continuou a seduzir não somente as mentes insanas, mas os corações desavisados. Para alcançar a galhardia exclusiva do amo, que lhe renderia mais mimos e joias, Mawiyah seduziu a segunda odalisca predileta dele, Lateefah, fazendo-a se apaixonar por ela, envenenando-a contra ele, e elaborou, por fim, um plano vexatório, que iria expor sua imagem, revelando a paixão de Lateefah por ela. O sultão, convencido diante das evidências articuladas, condenou Lateefah a ser banida do grupo. E Mawiyah reinou sozinha como a predileta. Até que a velhice lhe levou os atrativos físicos e viu-se descartada, jogada à própria sorte na deserta paisagem, no deserto de amor...

Leandra despertou de súbito! Transpirava muito. Na volta do espírito ao corpo, não pôde registrar as lembranças, julgando sofrer um pesadelo. Mas sentiu medo. Medo de seus desejos íntimos, de seus sonhos, da solidão. De algum modo, sentiu-se aliviada por estar ali, naquele quarto, protegida por aquelas paredes, por aquela família que não era bem a sua, mas que a criava a seu modo.

Lembrou-se de Deus, da fé e adoração que seu pai tinha por Ele. Relembrou a oração abandonada nas reminiscências da infância, e orou. "Deus... nosso Pai, santificado seja o seu nome... perdoe-me os erros do passado... Dai-me forças para perdoar as ofensas sofridas".

Quando terminou, buscou na cabeceira o livro que seu pai lhe dera, muitos anos atrás. Já não tinha mais esperanças de que ele viria buscá-la. Com o passar dos anos, a esperança, que lhe parecia um sol banhando um imenso jardim de flores, tornara-se um fogo de inquietações, como labaredas num círculo de proteção que ela mesma criava, protegendo-a da ideia de ter sido abandonada por aquele que tanto amava. Porque de tempos em tempos, essa ideia vinha lhe assombrar, mostrando sua face tenebrosa entre as chamas, dizendo impropérios, reduzindo-lhe a alegria, que experimentava antes, com as lembranças da infância e da breve convivência com seu genitor.

Folheou aquelas páginas, impressas com aquilo que sabia se chamar palavras, que a ela, porém, nada diziam. Lembrou-se da tia, que nunca a incentivara a estudar, e sentiu um frio no peito. Jogou o livro no chão, verteu duas últimas lágrimas. "Não sofrerei mais por isso!" Tentou retomar as preces até, por fim, adormecer mais tranquila.

CAPÍTULO 10

Os ciganos

ALGUMAS semanas se passaram com lentidão. Leandra fazia de tudo para evitar a convivência com a tia. Sempre que possível, engenhava o álibi mais adequado para se ausentar das refeições e dos saraus após o jantar, em que Leonor eventualmente dedilhava ao piano.

A tia continuava a lhe espreitar os menores gestos, intentando descobrir-lhe os deslizes de postura, para fundamentar a imagem que guardava da sobrinha.

Certa manhã, Leandra apanhava os tênues raios do sol que batiam no caramanchão, de olhos cerrados, sentindo o calor matutino, quando Gomez aproximou-se. Ele aproveitou-se da distração da jovem, que não lhe notou a presença, para admirar-lhe a beleza. Correu os olhos em seu colo, alongando-se pelo corpo delgado, até as pernas bem torneadas. Imaginou a maciez de sua pele, que ganhava matizes de rosado e bronze. Teve ímpetos de recuar, antes que ela o visse, mas em vão.

Ela abriu os olhos e pode perceber o fulgor em sua face. Cobriu-se. Ele fez menção de virar-lhe as costas.

– Quer falar comigo, Gomez?

– Nada tão importante! Posso falar-lhe depois...

– Diga logo! – Sentou-se na cadeira de deitar, esticou-se para ver se havia alguém por perto, e sussurrou. – É sobre o que lhe pedi?

– Sim! Eu soube que eles estão de volta. Vão se reunir hoje à noite. Na praça das tabernas...

– Que incrível! Você prometeu que me levaria para vê-los! Como será?

– Bem... Hoje terá apresentação dos cavalos de um haras concorrente. Seu tio me pediu que fosse sondar. Posso dizer-lhe que você se interessou pelos cavalos. Penso que ele não vá se opor, já que sente falta de alguém se interessando pelos negócios dele.

– Ótimo, Gomez! Eu confirmo isso com ele! A que horas partiremos para a cidade?

– Vamos mais cedo, às cinco da tarde! Assim dá tempo de eu passar lá na exposição, pois terei de prestar contas ao Coronel. Depois, vamos visitar o bairro cigano.

A jovem não conseguia conter-se de tanta empolgação. A ideia de ver de perto aquela gente, de aprender com as suas dançarinas, lhe inundava a alma com um novo vigor.

– Eles vão nos receber, Gomez?

– Muitos são meus amigos! As mulheres, especialmente. – Riu-se, exibindo-se. – Falei de você com elas, e se mostraram dispostas a ensinar-lhe.

Leandra levantou-se esfuziante, abraçou Gomez e agradeceu:

— Você não sabe como é importante para mim! Sempre sonhei em ser uma dançarina! Mas isso tem que ficar em segredo, certo? Meus tios não iriam aceitar. Especialmente minha tia, você sabe.

— Pode deixar, *muchacha*! Seu segredo estará bem guardado comigo!

No horário combinado, Leandra aprontou-se, com esmero, num belo vestido de corpete vermelho e de saia branca adornada com pequenas circunferências. Para não denotar a vivacidade da indumentária, cobriu-se com um xale em tom pastel, bem ao gosto da tia.

Emiliana, vendo-a assim, não se conteve:

— Onde pensa que vai desse jeito?

— Psiu! Eu conto, se você for discreta!

A ama assentiu com um gesto de cabeça e, curiosa, arregalou os olhos para a confidência.

— Vou realizar um sonho, Liana! Vou aprender a dançar com as ciganas!

— *Dios mío*! Que loucura! Esse povo é arredio e interesseiro!

— Não é bem assim! Os ciganos conhecem o Gomez. E ele me apresentará para eles hoje à noite. Acho que as pessoas julgam mal o que não conhecem. Eles têm um jeito livre de viver e isso assusta o povo da cidade. Mas isso está mudando, Liana.

— Minha filha, tenha cuidado! Se a sua tia descobrir o que planeja fazer, aí sim ela terá motivos para reclamar de você para seu tio!

— Ela não vai ficar sabendo. Eu só quero me divertir um pouco, aprender a dançar.

— E essa sua amizade com Gomez... Não se esqueça que, além de ser empregado de seu tio, ele também é um homem.

Diante da ponderação da ama, Leandra lembrou-se do semblante de Gomez observando-a no caramanchão e estremeceu:

— Gomez vai me levar, porque eu pedi isso a ele. E, além do mais, ele é um homem bem mais velho do que eu, deve respeito e obediência ao meu tio. Ele nunca ousaria... Agora, pare de arrumar problemas. Hoje, eu estou muito feliz! Liana, tem mais uma coisa, preciso que distraia a minha tia. Consulte-a sobre o jantar ou coisa assim... Ela saberá que fui à cidade, mas é melhor que saiba depois que eu sair, entende?

— Sei! Não gosto de fazer essas coisas, Leandra! Mas dessa vez passa. Acho que ela exagera quando o assunto é você. Só lhe peço que não se demore, para não despertar suspeitas. E também por segurança! Você é muito jovem para sair assim, ainda mais para tais propósitos. Tem que se preservar, meu bem!

— Pode deixar! — Deu-lhe um beijo estalado e continuou a arrumar os cabelos. — Apresse-se com a minha tia, que eu já vou sair.

O capataz do Coronel esperava ansioso por Leandra, no lugar combinado. Quando a avistou, levantou a aba do chapéu, para observar-lhe o andar gracioso. Apressou-se em abrir a portinhola da diligência, dando-lhe a mão para subir. Ela sorriu para ele, estava empolgada com o projeto secreto. Após passarem na exposição de equinos, para os procedimentos de praxe, seguiram em direção ao bairro cigano.

Na realidade, começavam a surgir alguns esforços e incentivos do governo espanhol para integrar os ciganos à sociedade, após um longo período de perseguição. Mas o temperamento do povo *gitano* não se coadunava com as regras sociais, ocupavam a periferia da cidade, muitos moravam do outro lado do Guadalquivir, e um grande contingente ainda perambulava, em expedições que visavam a proteger seus negócios e cultuar suas tradições. Triana era o bairro de Sevilha que detinha a maior população de ciganos.

Chegaram à ponte de barcas segura a dois grandes molhes, fizeram a travessia do *al-wādi al-kabīr*, o "rio grande", em árabe, mais adiante avistaram as ruelas do povoado. As moradias pareciam abandonadas pelos *gitanos* que estavam reunidos, denotando a grandeza do grupo.

Havia um grande círculo, que compunha um pátio de terra batida, margeado por fileiras de pessoas, engrossadas por ciganos e alguns *payos*.[13] No centro, um tablado amplo, onde se concentravam alguns pares de *gitanos*, em animada dança, outros davam o ritmo com as palmas e batidas de pés. A melodia compunha-se dos sons das violas, címbalos e pandeiros.

---

13. Povo local não cigano, que se interessava pela arte *gitana*. (Nota da médium)

Os jovens visitantes iam adentrando aquela alegre atmosfera, ombreando os demais espectadores. José Gomez abria o caminho para sua protegida, queria garantir-lhe a vista, e não perdê-la na multidão, por isso a puxava pela mão.
– Veja, *muchacha*! É bem como imaginava?
– Muito melhor! – respondeu ela, estampando um lindo sorriso. Seus olhos brilhavam, realçando as linhas perfeitas de seu rosto corado. Ele parou para ver aquele semblante que expressava imensa alegria, como se por um momento a reconhecesse. O que a fez corar ainda mais.
– Olhe lá, Gomez! Ou perderá o espetáculo!
Deixaram-se absorver pelo frenesi da dança. A jovem aspirante observava todos os detalhes dos movimentos das dançarinas, tecendo em sua memória um repertório, como um bloco de anotações, para o momento oportuno. Ela nutria paixão pela dança.

A paixão é o móvel que nos aguça os sentidos, gerando silêncio no recôndito espaço de nosso íntimo o fruto do amor. Quando amamos o que fazemos, é porque um dia nos permitimos a paixão, que, tal qual uma musa, desperta os adormecidos, extinguindo sua inatividade e fazendo-os buscar o algo mais. Ela passa por nós, apresentando-nos, às vezes, ao amor, mas não nos abandona a princípio, simplesmente fica ali, espreitando, aprendendo com ele, vendo-o crescer e florir sem cessar. Ai daqueles que causam embaraço à a evolução do maior dos sentimentos! A paixão intervirá junto dos negligentes, já aos sacolejos, e dirá a eles, e até bradará: – *Veja o que está fazendo com o seu amor! Retome o zelo, deixe-o crescer de novo! E quando perceber, mais tarde, que amamos sublimadamente, nos acenará, se despedirá e irá buscar outros aprendizes, para lhes ser úteis.*

– *Prietenul*, amigo, Gomez! Venha cá, apresente-nos sua acompanhante! – Adonay emergiu do grupo, pertencia à casta, mais um ferreiro *gitano* que fazia negócios com Gomez.

– *Ola*, Adonay! – Ofereceu-lhe meio abraço, deixando o outro lado do corpo para melhor apresentá-los. – Esta é Leandra, a sobrinha do Coronel Rodriguez, aquela que comentei... Quer aprender a dança com as *Calins*.

Adonay sorriu para Gomez e arrematou:

– É uma bela *Paxivalin*, donzela! – Dirigindo-se a Leandra, cumprimentou-a, cordialmente – Como está, *señorita*? Seja bem-vinda à nossa casa. – Estendeu os braços num gesto semi-circular, enfatizando que a imensidão era o seu lar.

– Muito prazer! Sempre quis conhecer a dança, a música e o modo de viver de seu povo! Fiquei encantada com o que vi!

O cigano complacente, estimulado pela simpatia de Leandra, virou-se, buscando rostos na multidão.

– *Con mucho gusto*, apresento-lhe às *Calins*! – E foi pinçando as dançarinas *gitanas* no grupo, chamando-as em alternância – Majoré! Heredia! Maya! Venham aqui, por favor!

As moças vestiam longas saias, e apresentavam insinuantes decotes, nenhuma usava lenço na cabeça, o que indicava serem solteiras. Acercaram-se do pequeno grupo, sorriram a todos e buscaram no rosto de Adonay a satisfação de suas curiosidades.

– Esta é Leandra, amiga de Gomez! Veio conhecer a nossa dança. Levem-na com vocês para o tablado.

A sobrinha do Coronel cismou:

– Mas nem vão me ensinar os passos? Vou fazer feio assim!

Majore, a mais velha das três, aproximou-se de Leandra olhando profundamente em seus olhos. Envolveu seus punhos envolvendo-os com os dedos, respirou profundamente, sentindo sua vibração, e sentenciou:

– Confie em seus instintos... Os *gitanos* não seguem coreografias, nossos passos são livres, porque nascem de nosso ânimo. Expressam o que sentimos e o que vivemos... Seguimos somente alguns ritmos, como o *manouche*, o *sinti* e o *kauderash*, todos eles trazem do íntimo da mulher a sensualidade, a alegria e a beleza da sua força interior. Isso você vai aprender observando e sentindo.

Leandra deixou-se levar pelas *Calins* ao tablado. Com muita disposição, envolveu-se no ritmo das palmas, dos pés no tablado, do choro da guitarra *gitana*, e foi percebendo o aflorar de uma dançarina, adormecida sob os véus dos séculos. Uma sensação de liberdade lhe inundava agora, não era mais guiada pela audição, mas por uma força intuitiva.

– *Lachi Bar,* boa sorte! Voltem sempre!

Os dois dividiam a parte alta da carruagem, de volta ao haras. Ela transpirava eflúvios de alegria e suor. Ele exaltava-se pela proximidade que dividia com ela.

– Gomez! Adorei dançar com os ciganos! E eles foram tão receptivos comigo! Voltaremos mais vezes?

– Claro que sim! O quanto quiser e puder...

– Quero aprender tudo sobre eles! Vou chamar Nina pra vir conosco, um dia! O que acha?

Gomez diminuiu o riso. A presença de Nina representaria a perda da cumplicidade que desfrutava com Leandra.

– Melhor não! Pode despertar a atenção de seus tios! Aliás, se não quiser sair às escondidas, precisará pensar em uma desculpa permanente. Talvez a ida à missa...

A jovem riu de gargalhar.

– Nada contra as missas, José Gomez! Mas será no mínimo intrigante voltar da missa transpirando assim, e com os pés empoeirados.

– Então pense em algo melhor, afinal, é muito bom sair em sua companhia, e nem sempre há exposições em Andaluz...

Leandra, que experimentava o toque do braço do capataz pelo balançar da carruagem, de repente deu-se conta da intimidade que os envolvia. As palavras de Emiliana falavam-lhe agora em alto tom aos pensamentos. "Lembre-se que além de empregado de seu tio, ele também é um homem". Distanciou-se sutilmente, com a desculpa de ajeitar o xale. – Gomez, é bom nos apressarmos, já é bem tarde, e começo a sentir frio... O calor da dança está passando.

Atravessaram a porteira e a fecharam. Do pátio até a sede eram dois minutos, espaço em que foi o moço tramando...

– O que acha de cavalgarmos amanhã, logo na matina? – investiu ele. – Poderia levá-la para conhecer aquela cachoeira que descobri. Gosta de cachoeiras não?

Ela ponderou a proposta, entre a curiosidade e a conveniência. – Só se Nina for conosco...

Gomez agarrou-se à oportunidade, estaria com ela no dia seguinte, sem ficar arrumando pretextos.

– Está bem! Claro...

– Ótimo! Acordo cedo, então! *Buenas Noches*, Gomez! – Despediu-se, sorrindo com os olhos, e foi descendo da diligência.

– *Buenas Noches*, Leandra! A propósito, se estiver muito dolorida da dança, arrumo-lhe uma liteira.

A moça riu do gracejo e arremedou:

– Talvez uma de dois lugares. Afinal, com a sua idade poderá também precisar.

Estava alcançado o intuito de vê-la sorrir, deu-se por satisfeito. Já saindo, teve tempo de arrematar:

– Sou jovem o bastante, Leandra, amanhã lhe mostro na corrida a cavalo...

Ela ficou olhando o carro sair em retirada, surpresa com o desafio.

CAPÍTULO 11

Obsessão

NO PARCO espaço de tempo, em que Leandra pode tangenciar a sala pelo corredor, seguiu em passos leves para não chamar para si a atenção dos tios e pôde perceber que eles conversavam calorosamente na penumbra da sala.

— Você agora deu de beber até tarde... E fica muito inconveniente quando bebe... — a tia falava alto, enquanto espezinhava o tapete de *arraiolos* com motivos campestres.

— Oras, que implicância! Só estou alegre... Coisa que você não consegue fazer. — ele respondia, enquanto enchia o copo de *xerez*.

— Você sabe o que roubou a minha alegria, não é, Coronel?!

Ele virou-se para ela, com os olhos soltando chispas.

— Não, eu não sei! Só sei que não tenho mais mulher. Você tornou-se um fantasma, que fica por aí reclamando de tudo.

— E você um ausente! Volta tarde... Está sempre bêbado!

— Eu estou cansado da nossa vida! Farto das suas acusações. Aguento isso há muito tempo!

Leandra, que estava parada em uma das portas arcadas, diante dos ânimos alterados, recuou para trás da coluna.

Quem visse a cena, iria supor que o casal estivesse a sós. Mas ligados a eles, por uma sutil trama, havia um casal do plano espiritual. Os hóspedes invisíveis compartilhavam energias com os encarnados. O homem, cuja aparência periespiritual denotava uns quarenta anos, sorvia do Coronel as emanações alcoólicas, que eram lançadas para a atmosfera terrena pela respiração e transpiração, e surgia na atmosfera psíquica como nuvens opacas de éter.

O Coronel deixou-se cair estupefato no sofá opalino. Sorveu mais um gole do *xerez*. Sua face estava mais avermelhada do que o normal.

Leonor estava em total desequilíbrio. Olhava para o marido e não via mais a figura amorosa com quem se unira um dia, enxergava nele um algoz. Em sua mente, assumindo a forma de um pensamento íntimo, insinuava-se uma acusação insistente: "Assassino! Assassino!". O pensamento emitido pelo espírito, que assumia a forma feminina era, em princípio, uma sutil sugestão mental, à qual Leonor tentou muitas vezes resistir. Com o passar do tempo, as constantes sugestões ganharam força em sua mente, tornando-se uma convicção.

As convicções são afirmações que se cristalizam em nosso íntimo, sendo que algumas delas passaram pelo crivo da razão, a nossa razão, que pode ou não ser condizente com a realidade. As pessoas de convicções, em geral, são rígidas. A mente flexível, por outro lado, fica receptiva às novas ideias. Considerando que somos imperfeitos, portanto falhos na percepção conceitual ou racional, é ideal que tenhamos uma mente flexível, o que não será obstáculo para que sigamos princípios morais. Os princípios representam a sustentação de nossa forma de enxergar as coisas, tendo como coisas tudo o que existe e possui significado para nossa evolução. Os princípios vertem de uma causa maior, por isso são superiores às leis humanas, que são meras regras de convivência, compondo, em verdade, todo o código divino. "Fazer pelos outros, o que quereríamos que os outros fizessem por nós" é um princípio que poderá ser mal interpretado por nossa razão. Conforme avançamos em evolução, migramos de uma inteligência racional para uma inteligência intuitiva, ou seja, melhor sintonizamos com a Inteligência Divina, agindo conforme os princípios maiores, como um reflexo natural de nossa essência, liberta das teias da personalidade.

– Você não consegue esquecer a morte de nossa filha? Deus quis assim, Leonor!

– Não! Você insistiu para levá-la naquela tarde, contra a minha vontade. Ela morreu por sua causa. Você me deixava sozinha para viver a vida a seu modo. Eloísa era a minha única companhia e, por capricho seu, foi arrancada de mim. Você sempre quis um filho homem. Nunca nos amou. – Leonor se afundava em lágrimas, seus olhos avermelhados pareciam saltar das órbitas, e a sua garganta deixava salientar os vasos sanguíneos, ela estava toda passional. Fez uma breve pausa, como se o ar lhe faltasse por um instante, enxugou as lágrimas do rosto e tentando dar ares de indiferença às palavras, revelou:

— E eu sei que já teve outras mulheres...

Ele empalideceu. Engrandeceu os olhos para depois apertá-los. Sentiu um frio percorrer-lhe o colo subindo aos pulmões forçando-o a respirar aos espasmos.

— Do que está falando, mulher? De onde tira essas ideias?

— Das suas coisas, Antonio... — Ergueu o braço direito, que, içado, exibia uma carta. — Você sabe o que diz aqui ou quer que eu leia?

O Coronel desarmou-se, ficou ali vendo sua vida passar em sua frente como a um filme. Leonor, vendo sua inércia, cresceu em irritação.

— Você não vai dizer nada? Quero saber quem é Ofélia... Diga, Coronel Rodriguez. Ficou mudo?

O silêncio estava insuportável, Leandra, que ouvia a tudo, teve ânimo de sair, mas, confusa, permaneceu estática, até que a voz do Coronel rasgou a quietude densa da sala:

— Há quanto tempo você sabe disso?

— O que importa? — Leonor deu de ombros.

— Para mim importa, quero entender as coisas!

— Há bastante tempo! Antes da morte de nossa filha! Entrei em desespero, por sorte você estava em serviço. Precisei consumir sozinha todo o meu ódio, protegendo minha filha de ter uma mãe abandonada. Engoli o meu orgulho. Mas nunca perdoei você.

Ele começou a chorar, cobriu o rosto com as mãos espalmadas. Nem parecia o Coronel de outros tempos, imponente e viril, agora parecia um menino desesperado, padecendo da culpa e da mágoa que sentia pela mulher. Rompeu em exasperações, e, aos pouquinhos, foi matando algo dentro de si.

Leonor continuava ali, inquisitória, como quem defende uma longa tese, amparada pelos melhores argumentos que preparou durante anos, aguardando a conveniência, porta-voz da vingança.

O tio de Leandra, após recompor-se, fitou por fim a mulher, com os olhos lacrimosos.

– Agora eu compreendo o porquê de tanta frieza! Nunca mais me quis como marido!

– Eu tenho nojo de você! Deitou-se com uma vadia.

– Ofélia não era vadia!

– Vai defendê-la, ainda por cima? Se ela se entregou a um homem casado é uma vadia!

– Leonor, eu não acredito que você me compreenda... Mas você nunca gostou de estar comigo como mulher.

– Eu não quero falar disso, Antonio!

– Mas precisamos falar disso. Sempre me senti rejeitado por você. E eu sou viril, tenho sede de viver. Numa de minhas viagens conheci Ofélia, ela cuidava da hospedaria que acolhia a tropa. Viúva, carente como eu. Nós nos apaixonamos. Eu tentei resistir, tentei me entender com você, mas você manteve-se arredia. De qualquer forma, tudo está acabado há muito tempo. E eu ainda amo você, Leonor.

A esposa de Antonio, por um instante, vacilou, ponderou intimamente, o tempo percorrido desde que tudo acontecera, a mudança do marido, a punição que já lhe fizera sofrer. Vendo-a titubear nesse momento, a companhia espiritual de Leonor estreitou seus laços semimateriais, impingindo-lhe maior desconforto.

"*Ele não merece perdão, Leonor. Arruinou sua vida, traiu você. Roubou-lhe a filha querida. Mantenha-se firme em nosso propósito. Ele vai traí-la novamente, se não fizer o que tem de ser feito.*"

— Antonio, só haverá um modo de eu lhe perdoar. Ouça bem o que vou lhe dizer... Sempre lhe digo dos modos da sua sobrinha.

— Ela é mais sua sobrinha do que minha, Leonor...

— Ela não tem nada de minha irmã. Foi criada pelo pai, que pelo que sei nunca teve pulsos com essa menina. Assim como o tio também não sabe ter. Pois saiba que ela está nos enganando. Apertei Emiliana, que intencionava me ocultar a verdade para protegê-la. Sabe onde ela está agora? No acampamento dos ciganos, aprendendo aquela dança lasciva com aquelas mulheres de má vida.

O tio esfregava os olhos para livrar-se do efeito do álcool, tentando alcançar maior lucidez.

— Não é possível! Ela foi com Gomez na exposição de Andaluz.

— Então verá quando eles chegarem. Ele é seu empregado e irá confirmar o que lhe digo. E aquela dissimulada também não se atreverá a me desmentir.

O Coronel coçou a cabeça, andou de um lado para o outro, tentando encontrar coerência na revelação.

A mulher do Coronel, no auge de suas articulações, desfechou o repertório maquinado, discorrendo a solução para a suposta farsa de Leandra, solução que também colocaria um fim ao ciúme doentio que lhe dilacerava o peito todas as vezes em que seu marido dedicava-se a sobrinha. Por fim, sentenciou:

– Nós vamos interná-la num mosteiro para moças!

Leandra estremeceu. Meneava a cabeça em negativa, como se fosse acometida por surdez temporária. Aguardou ansiosa a reação do tio diante daquele absurdo.

Antonio viu-se em situação inusitada. As emoções atordoavam-no, vislumbrava um horizonte de privações para a sua pupila, mas, em contrapartida, percebia o quanto seria impossível a convivência das duas. Leonor deixava exalar o ciúme, a disputa, a inquietação, externados na dureza de suas intenções. Por outro lado, como se desvencilhar daquele destino, que batia à sua porta com a chave de sua redenção para os erros do passado?

– Leonor! Vamos pensar melhor! Aguardemos a chegada de Leandra, a fim de ouvirmos suas explicações.

– Eu estou aqui, tio! Aliás, estava aqui o tempo todo! Não quis ouvir a conversa, mas estava entrando quando começou a discussão. – Lançou um olhar profundo para a tia, que correspondeu com agudez. – O que a tia falou é verdade! Eu fui à exposição com Gomez, depois insisti para que ele me levasse para conhecer os ciganos. Eles nos receberam muito bem, são pessoas como nós. A dança deles é muito bela e alegre.

— Viu, Antonio? Ela é uma desaforada. Assume a postura desregrada...

— Leandra, fez muito mal em esconder isso de nós! — ponderou o tio.

— Desculpe-me, tio. Achava que vocês não entenderiam, e agora vejo que estava certa.

— Vá para o seu quarto, menina — disse a tia, aos gritos. — Não tente fazer parecer que tem polidez. Você é dissimulada!

— Dissimulada, eu?! Não fui eu quem escondeu por anos tanto rancor, aguardando o momento certo para despejá-lo contra todos!

Leonor avançou sobre a sobrinha como um felino, investindo o seu ódio contra ela. O Coronel segurou a mulher, que estava ensandecida.

— Obedeça à sua tia! — ordenou o Coronel. — Depois conversamos.

Assustada, assentiu. Correu para o quarto, trancando-se no cômodo. A porta lhe guardava as costas, e nela escorregou até cair ao chão, abraçou os joelhos e assim ficou, sem saber precisar o tempo. Martelava-lhe a ideia: "Ela me odeia! Ela me odeia!". Enquanto pensava, sussurrava para si mesma.

Um vulto aproximou-se dela nesse instante, buscando-lhe a fronte, dizendo-lhe mentalmente:

"*Eu a odeio, Mawiyah. Isso é só o começo. Vai pagar por tudo o que me fez sofrer.*"

CAPÍTULO 12

Mudanças

A NOITE arrastou-se morosamente, despertava aos sobressaltos, apreensiva, imaginando o que seria de sua vida sem liberdade, fechada entre as paredes frias de um convento.

Quando o sol veio chamar-lhe, embrenhando seus dedos iluminados pelas frestas da janela, e tocando-lhe a face dolorida, ouviu o relinchar e o trote dos cavalos, lá fora.

– *Señorita*! – sussurrava alguém nos escaninhos da *ventana* – Abra, por favor!

– É você, Gomez?

– Não! É um sonho bom... Que veio oferecer-lhe uma cavalgada, nessa linda manhã de sol! – Gomez riu, lá fora. – Não combinamos? Acaso esqueceu?

– Dê-me um minuto – ajeitou seus cabelos, lavou-se e, por cima da camisola, vestiu-se. Abriu só uma fresta da janela. – Gomez, não me sinto muito bem para sair.

– O que houve? Está doente?

– É como se estivesse... Sinto-me abalada, não dormi bem à noite.

– Não está com desculpas, Leandra? Veja, trouxe o seu cavalo preferido, e Nina aguarda-nos lá fora!

Abriu a persiana e deu um meio sorriso: – Está bem, vou com vocês. Preciso aproveitar o tempo que me falta...

– *Arriba*, Leandra! Nunca a vi assim. Fala como um moribundo.

– Tem razão.

Leandra calçou as chinelas e sentou-se no parapeito, voltando o corpo para a varanda. Gomez segurou-a pela cintura, auxiliando-lhe na descida, aproveitou-se da proximidade e a abraçou demoradamente. Sem saber o que fazer, mas profundamente combalida em suas emoções, deixou-se abraçar.

– *Te quiero*, Leandra. – Ele corria as mãos sobre o seu cabelo, conferindo-lhe a maciez, beijando-o delicadamente, experimentando-lhe o cheiro suave.

A jovem chorava silente, deleitando-se na sensação de sentir-se amada. Alguns minutos se passaram, e o choro foi diminuindo, com o rosto afundado no tórax de Gomez, abraçava-o ainda, quando lhe disse carinhosamente:

– Eu também te amo. Você é como um irmão que nunca tive.

O capataz sentiu uma pontada no peito, contrafeito, pensou em redarguir, falar-lhe da paixão do qual se sentia um vassalo, mas ponderou. "Não posso apressar as coisas. Corro o risco de assustá-la. Será questão de tempo..."

— Vamos para a cachoeira, então? Estou ansioso em mostrá-la a você.

Ela fez que sim com um movimento de cabeça.

Os jovens saíram em disparada, deixando para trás a sede da fazenda. Permearam o bosque, romperam prados, margearam montes e, por fim, avistaram a mata ciliar, composta por diversos matizes de verde. Desceram à encosta de uma colina, alcançando um lindo lago, que se engrossava por caudalosa cachoeira altiva.

— Que lindo, Gomez! — As meninas se entreolharam, sorridentes. Amarraram os cavalos. As duas tiraram as chinelas, as *medias*, segurando as saias para não umedecê-las, e foram entrando cuidadosas, apoiando-se nas pedras arredondadas e sentindo a água fresca nos tornozelos.

— *Che, muchachas*, não vão nadar?

— Como, se você está aqui nos olhando? — Leandra riu da situação, enquanto Nina corou.

— Prometo que não olho!

— A gente não acredita em você, Gomez. Vai ficar nos espiando — insistiu Leandra.

— E se eu vendar os olhos e virar para o outro lado?

Nina fez que não para a amiga, que retrucou com ela:

— Veja, Nina, que delícia deve ser nadar aqui. Talvez eu nunca volte para cá. Faria isso por mim?

— Do que está falando, Leandra?

— Não quero lhe contar em detalhes agora, para não entristecer nosso passeio, mas acho que vou para um convento.

Nina olhou-a assustada, e disse, baixinho:

— Imagine...

A amiga de Nina não parecia estar brincando, o que a fez continuar:

— Por quê?

— Porque minha tia não gosta de mim. Acha que eu tenho péssimos modos; que meu tio é um frouxo comigo. Mas não fuja do que lhe pedi. Nada aqui, comigo? Eu mesma posso amarrar os olhos de Gomez.

— Eu vou junto, para conferir.

Saíram da água em direção ao capataz, que não acreditava na cena. Amarraram uma venda, bem apertada, em seus olhos, primeiro um lenço; depois, uma banda, e lhe fizeram girar na pedra, que lhe servia de assento.

— Se olhar, Gomez, nunca mais confio em você – advertiu Leandra.

As duas despiram-se, ficando com as roupas de baixo, por garantia. Correram para a água, mergulhando, afogando as inquietações, as dores da alma, até alcançarem à cachoeira, usufruindo da queda fria sobre suas cabeças, regozijando-se naquela natureza louça. A sensação de integração causou-lhes uma imensa e duradoura paz.

— Nina, vamos subir ali naquela rocha, ela dá caminho por terra até nossas roupas. Aproveitamos e secamos nossas camisolas ao sol.

Por não ouvir mais os gritinhos das duas, o capataz ficou curioso com o que estaria se passando. Em parte movido pela razão, em parte por ousada curiosidade, ergueu a venda e espreitou. Nada viu. Foi se esgueirando pela margem do rio, até ouvir as vozes das duas. E ali, no meio da vegetação, esquivou-se para espiar. As duas se deitaram sobre os cotovelos, apanhando o sol, que, pelo avançado da hora, já estava mais quente. Mirou o objeto de sua paixão, apreciando-lhe as formas do corpo, que despontavam na cambraia branca e molhada. Sentiu uma intensa atração. Em princípio riu-se, mas algo mais forte que o seu desejo apoderou-se de sua mente, que em alguns momentos se fez ausente. Pôs as mãos na cabeça, tentando recobrar os sentidos. "Meu Deus! O que se passa? Desejo tanto essa mulher assim?!"

Lateefah já subjugara-o. Encontrou com facilidade acesso ao seu centro de força genésico, permitindo que ali se instalassem fluidos nocivos do plano espiritual, facilitando também a manipulação mental. Tal estado denotava desatinos passados na área sexual. *"Você me será útil, Gomez!"*

Ele assustou-se, imaginando estar fora de si. Correu para o antigo posto. Estava ofegante. "Preciso ter cuidado, posso cometer uma loucura."

As duas retornaram, brincando com ele.

– Muito bem, Gomez! Mostrou-se um cavalheiro. – Vestiram-se.

– Pode olhar, agora!

Ele estava pálido.

– O que foi? Você está se sentindo mal?

— Não sei. Acho que o sol está forte. Vamos embora, logo vão sentir a falta de vocês.

— Vamos, então. Acho que a corrida a cavalo vai ficar para outro dia — caçoou Leandra.

— *Muchacha*! Creio que sim! Estou sem energia, apesar de ser muito jovem — replicou ele.

— Compreendo! — Ofereceu o braço para ajudá-lo. — Tome um pouco de água, lave o rosto, você vai melhorar.

Tomaram o caminho de volta em silêncio. Reflexivos. Cada qual com o seu pesar.

Chegaram à sede perto do horário do almoço. Leandra entrou pela janela, que deixara entreaberta, pois queria evitar o confronto com os tios. Tinha esperanças de que os ânimos houvessem se acalmado, e que os tios tivessem refletido melhor sobre o seu destino. Encontrou a cama esticada. Secou os cabelos, trocou a roupa úmida e ficou ali deitada sobre a colcha bordada, a seda carmesim sobre a seda amarela clara, de flores estilizadas e, ao centro, pintura animalista, como aves do paraíso, coelhos e pequenos pássaros, tudo isso ladeado por duas fênix, que se desenrolavam, cobrindo toda a superfície. Nunca havia reparado nos detalhes da peça, descobria desenhos novos a cada observação.

Emiliana entrou acabrunhada.

— Onde estava, Leandra?

A jovem lançou um longo olhar para a ama e nada disse.

— O que foi? Não quer falar comigo?

– Não há meios de não falar com você! Mas sei, agora, que não consegue guardar segredos.

– Sabia que estaria chateada comigo. Não conhece a sua tia? Ela me fez dizer! Ameaçou perder a confiança em mim. E agora você sabe o que ela faz quando perde a confiança.

– Se sei! Você já deve de estar sabendo de tudo. – Ela sondou Emiliana com os olhos.

– Servi o *desayuno* ao Coronel, e ele estava desabafando comigo.

A jovem ergueu o corpo rapidamente, ajeitando-se.

– E o que ele disse?

Emiliana sentou-se ao seu lado, pousou nela os olhos, neles havia compaixão, e prosseguiu:

– Pense pelo lado bom, você vai aprender a ler.

Leandra levantou-se em protesto, jogando no chão a almofada que trazia no colo.

– Mas a que preço, Liana? Eu não vou suportar ficar presa.

Em sua mente juvenil, várias cenas juntavam-se, formando um congestionamento: nele, sonhos vindouros, em arroubo, chocavam-se com sonhos rejeitados, criando maior confusão do que os desenhos da colcha sobre a cama.

– Não se preocupe, não será por muito tempo. Seu tio acredita que tudo se restabelecerá. Dona Leonor só precisa de tempo. Agora que a verdade foi dita, o aprendizado virá, e, com ele, as mudanças de postura. Acredite.

– Enquanto ela tem tempo, eu ficarei durante esse mesmo tempo privada da vida. Por que tem de ser assim, Liana? O que eu fiz para ela? Eu sempre tentei agradá-la.

Leandra estava irascível, perambulava pelo cômodo, em desespero. Parou em frente da janela, lá, adiante, as sombras das nuvens percorriam os pastos. Ela prostrou-se, deixando os ombros cair.

– Não acredito mais.

– Não acredita em que? Do que está falando?

– No tempo, Liana. Não posso esperar o tempo. Às vezes, ele é mais longo do que podemos suportar. Às vezes, o que mais desejamos nunca acontece.

– Leandra, fale comigo! Não estou entendendo o que quer dizer.

– Meu *papá*... Lembra de quando viemos a Sevilha? Ele disse que viria me buscar. E, no entanto, nunca veio. Ele me abandonou! Onde está ele quando mais preciso dele? Tudo mentira, Liana! As pessoas mentem. Eu não acredito mais.

Pedro assistia a tudo sem, contudo, conseguir intervir. Leandra estava revoltada, inatingível. Ele aproximou-se de Emiliana suavemente, inspirando-a.

– Não fale assim, minha filha, seu pai deve de ter tido um motivo muito forte para não vir. Ele a ama muito, meu amor. Pelo pouco que o conheci, pude ver que ele tem brios. Lembra-se da cestinha de doces que reservou para você? Da caixinha que lhe deu com o broche e o livro? Aquela que você guarda até hoje?

Leandra, emotiva, abraçou a ama. Chorava copiosamente.

– Eu sei, eu sei. Mas por que não mandou mensagem alguma, nesses anos todos?

– Precisamos estar atentos para ouvir as mensagens que a vida traz. Às vezes, ela nos fala por intermédio dos acontecimentos. Deus nos dá o necessário. Caberão a nós as escolhas.

A presença dele se fez mais vívida, e Leandra deixou as palavras correr:

– *Papá*, sinto tanto a sua falta. Estou sofrendo!

A ama a abraçava, e Pedro a abraçava também.

– Confie em Deus, Leandra! Aproveite a experiência que se segue para aprender. Se tiver fé, e ela for forte o bastante, nada lhe faltará.

CAPÍTULO 13

O mosteiro para moças

DA TAIPA, a aurora espalhava o orvalho. Cercava o pátio, e as clausuras dos monges, impressionante muro, formando um reduto barreado.

A névoa matinal soube dar ares sinistros ao momento do cárcere, que, imposto, mantinha-se num tórrido mordiscar as fibras da intimidade.

O corpo seguia cativo ao jugo da submissão, mas a mente, anestesiada no presente, por medida de prevenção, recorria à fuga melancólica. Passado o entorpecimento dos sentidos, o ego espezinhado, como gigante submerso em sonolência, acordado, arrebataria as virtudes, ainda pueris, da ingenuidade e mansuetude, encorajando à desesperação. E mesmo esta agiria em silêncio, nas vestes toscas da indiferença.

Na recepção do convento, aguardando o tio e a sobrinha, estava a Irmã Clarisse, que se curvava vez por outra diante do

Coronel, emitindo risinhos entrecortados. Ajustaram ali mesmo os valores das mensalidades, quem traria e em qual prazo. Ela aproveitou a oportunidade e proferiu:

— Somos muito gratos por sua costumeira contribuição — deu mais ênfase à palavra "muito" do que às demais, como se ela tivesse bem mais do que uma letra "u".

O Coronel, tentando se esquivar da bajulação, minimizou o valor que pagava pelos serviços do monastério:

— Irmã, nunca me faltaram na precisão! Tanto nas missas encomendadas como nas demais solenidades. Não há o que agradecer. — E olhando agora para a sobrinha, continuou: — Quero confiar minha sobrinha aos seus cuidados. Gostaria que dessem prioridade para a sua alfabetização, ela sempre quis aprender a ler e escrever. Ficará o tempo necessário, para a sua educação religiosa, inclusive.

Leandra fitava-o todas as vezes que ele desviava os olhos, o que fazia para dirigir-se à Irmã Clarisse.

Abeiraram-se de um balcão em que a Irmã providenciava a ficha de registro e demais formalidades. Leandra aproveitou a oportunidade em que a eclesiástica sumiu pela porta da sala para inquiri-lo:

— Quanto tempo pretende me deixar aqui?

— Quanto for preciso! Temo pela saúde de sua tia. Acredito que enquanto ela não se recuperar da perturbação, é melhor que permaneça aqui. — Ele olhava para a porta, apreensivo, desejando ver ressurgir a Irmã Clarisse, que lhe salvaria da intimidade com a sobrinha.

— O senhor sabe que é contra a minha vontade que estou aqui? Penso não ter opção. Devo obediência ao senhor. Gostaria que não me esquecesse. — Seus olhos suportavam uma represa de lágrimas, cujo dique cederia a qualquer instante.

— Coragem, Leandra! Aqui estará ganhando em instrução.

— Perdendo em liberdade! — objetou, cerrando os dentes. Os diques romperam. Rapidamente enxugou as bochechas, queimadas pelo calor daquelas lágrimas.

— Eu não tenho escolha, menina. Ela é sua tia, mas não lhe quer por perto! Preciso recuperar a minha família.

— Família da qual eu não faço parte.

O Coronel encarou a sobrinha. Sentindo-se sem argumentos, recobrou sua autoridade: — Obediência, Leandra! Isso lhe será mais bem ensinado aqui!

— Muitas coisas eu não aprendi, meu tio. Afeto é uma delas!

A Irmã Clarisse, de volta à sala, quase externou sua admiração pelo estado de ânimo que se instalara ali. No afã de restabelecer o estado de espírito anterior, continuou de onde parou com o Coronel.

— Pronto, está tudo encaminhado. Vamos Leandra, vou lhe mostrar nosso convento.

Fez sinal ao colaborador franzino, que, em geral, se restringia a permanecer em instalações externas.

— Justino, apanhe as bagagens da moça e leve-as para a sala de conferência.

Enquanto ditava as ordens, foi conduzindo Leandra, com um toque sutil em suas costas, que fazia com seus dedos esguios e enrugados.

– Até mais, tio.

O Coronel Rodriguez, sem perder a firme postura, puxou-a pelo braço, beijando-lhe a testa.

– Fique com Deus, Leandra! – E permaneceu ali mais um pouco, até que o vulto das duas desaparecesse. Com o fechar da porta, deu curso à nova vida, que aguardava ter com Leonor.

Depois de percorrer um imenso corredor que recebia o fluxo das salas de estudo e labor, a eclesiástica foi apresentando maquinalmente a Leandra as repartições e respectivas serventias. Ela falava sem parar como quem segue um protocolo inicial, enquanto Leandra espichava os olhos para o pátio central. Pôde ver ao meio um chafariz arredondado, guarnecido com água, quase limpa, se não fosse por uma sutil moldura de lodo a entorná-la. Da base de tal aparato saíam, aos rodopios, tímidas plantinhas, de folhagens acabrunhadas pela extensão do barro, que lhes fazia fundo. Vez por outra, em alguns pontos acanhados, erguiam-se discretas flores, com minúsculas pétalas, como se respeitassem a austeridade do ambiente. Teve uma breve cisma íntima, que não durou nem um segundo: "Essas flores se parecem comigo. Discretas por imposição. Lembrou-se do xale que lhe cobria os vestidos alegres, para não contrariar a tia". A imagem do jardim sumiu por detrás da parede, que dava início ao pavilhão da clausura.

— Aqui está o seu quarto.

A jovem olhou o pequeno cômodo, tentando não se aprofundar nos detalhes. Sombrio em plena manhã, por possuir uma única e acanhada janela, que tinha a base na altura de sua cabeça. Disfarçou o espanto, que nasceu pelo contraste com seu quarto antigo. Tentou achar ali algo que não lhe desalentasse tanto, e nele fixou a atenção:

— Uma mesinha de escrever?

— Sim, mandei colocar em seu quarto, seguindo as recomendações de seu tio. Você fará muitos exercícios de caligrafia. E, se tiver habilidade, poderá ser uma boa copista.

Abrindo as portas de um pequeno guarda-roupa, demonstrou que ainda dava curso às ideias e, em relação àquilo que dizia antes, arrematou:

— Apesar de que, com o início das impressões, tal ofício perdeu em parte a utilidade. Prestará ao menos para aumentar o acervo de obras que temos na biblioteca. Além de lhe ocupar o tempo, é claro.

Irmã Clarisse parou de se ocupar com os detalhes da instalação e olhou para a nova interna, concluindo:

— Troque as suas roupas pelo hábito que está em cima da cama e me entregue tudo. Depois, venha comigo, para aparar os seus cabelos.

Leandra quase saltou sobre as chinelas, indignada.

— Como assim?!

— Não se assuste, vou deixá-los um pouco acima dos ombros. Afinal, você não é uma noviça, e sim uma interna.

De todo modo, exigimos cabelos mais curtos por higiene e respeito.

Viu com pesar partes de suas madeixas caírem ao chão, sentiu-se menos apreciável, mas só de imaginar, porque no convento não havia espelhos.

Atribuíram-lhe algumas tarefas de interação. Foi apresentada às demais internas, noviças e freiras.

Quando ia recolher-se aos aposentos, ainda ouviu a irmã Clarisse concluir:

– Leandra! Aqui, temos regras severas quanto aos horários e compromissos. Quem infringi-las será submetido a penitência. Trate de se inteirar rapidamente de todas elas. Queremos uma convivência tranquila para você. – Ela já ia voltando o corpo para a capela quando acrescentou: – Amanhã, todos acordam às cinco horas da manhã, para a primeira missa. O sino toca alguns minutos antes, para a higiene pessoal.

Por fim, Leandra recolheu-se ao claustro, sentiu a dureza da cama e não encontrou a colcha rendada ou qualquer objeto de decoração. Seu leito era coberto por uma manta acinzentada de lã. Se o seu íntimo fosse uma tela, ganharia também matizes do mesmo cinza, e nela seria impressa intensa tempestade, daquelas que cegam as vistas, que levam para longe a leveza e a graça.

CAPÍTULO 14

Cadiz e o Mar

"Os beijos do mar,
Fazem a terra amenizar.
Onde tocam os seus lábios, belas formas aparecem,
e as pessoas enaltecem.
A terra se deleita com o mar, seu amante,
que nela adentra galante.
Faz baía, porto, golfo e costa.
Cadiz tem dois amantes,
o novo e o velho em oposta.
Encontram-se lá em Tarifa,
perto da terra do califa,
dando forma ao Gibraltar,
que em outras eras foi o altar,
em que povos de embarcação,
recebiam a benção,
rumo ao novo continente.

Onde Hércules, contente,
suportava os pilares,
por épocas seculares.
Mas essa é outra história,
que exige mais da memória.
Cadiz à obra interessa,
gerou em seu ventre, sem pressa,
muitos aspirantes a toureiros,
que buscavam aventureiros,
as plazas cada vez maiores,
e tiravam sorrateiros,
os suspiros de seus amores."

FILIPE DE Anjou, Filipe V da Espanha, de hábitos afrancesados, alheio às tradições espanholas, resolveu proibir os nobres de tourearem a cavalo. Assim, o toureiro a cavalo caiu quase no esquecimento no país espanhol, o que não se deu em Portugal. Daí surgir na Espanha o toureiro a pé.

Em meados do século 18, as touradas não obedeciam às mesmas técnicas da atualidade. Muitos aprendizes a toureiros faziam escola nos matadouros das cidades. Em verdade, os animais morriam e morrem, nas *plazas* e nos matadouros, fazendo diferir somente no tipo de negócio. No caso das *plazas*, a morte do animal passou a ser um espetáculo de sadismo. Na atualidade, apesar de questionada e até proibida em algumas regiões da Espanha, a tauromaquia é defendida por muitos, que encontram justificativa no consumo da carne bovina pelos seres humanos. Enquanto as pessoas que habitam o planeta forem consumidoras de carne, permanecerá o incentivo aos maus tratos desses animais. Importante, ainda, é ressaltar outras consequências graves vindas do consumo de carne: a redução dos recursos hidrominerais e a fome.[14]

A febre das touradas envolveu os espanhóis, que não se contentavam mais com as *plazas* abertas. Almejavam as arenas, que melhor salientariam suas exibições. Muitas foram construídas, e as apresentações eram, em geral, marcadas aos domingos.

A primeira *plaza* fechada, de Sevilha, foi construída em 1730. Em virtude da concessão do imperador a celebrar corridas de *toros*, La Real Maestranza ergueu sua própria *plaza*, retangular e de madeira, no sítio Del Arenal, próximo ao atual *emplazamento*. A Corporação começa a construir, em 1749, uma série de dependências, acrescentadas à *plaza* de madeira, como matadouros, cocheiras e, mais tarde, casas e armazéns, configurando o futuro aspecto da *plaza*, envolta por diversas construções. Mais tarde, inicia-se a construção de arcos octogonais, até que, em 1765, conclui-se a obra com o palco do Príncipe, a fachada interior da *plaza*, que compreende uma

---

14. "Segundo a *Diet for a New America*, se os norte-americanos reduzissem em apenas 10% seu consumo de carne, a economia de grãos criaria um excedente suficiente para alimentar 60 milhões de pessoas – o número de seres humanos que morrem de fome no mundo por ano. Para se produzir cerca de meio quilo de carne bovina são necessários 7,5 quilos de grãos, 9.500 litros de água e a energia equivalente a quase 4 litros de petróleo." Fonte: *50 pequenas coisas que você pode Fazer para salvar a terra*. (The EarthWorks Group) Editora Best Seller. (Nota da médium)

porta que dá acesso ao núcleo, e por lá saem os habilidosos toureiros nas tardes de triunfo. O palco propriamente dito é o lugar mais importante da *plaza*. Esse palco é de uso exclusivo do Rei e dos membros da Família Real, composto em sua parte superior por quatro arcos sobre os quais descansa uma abóbada alaranjada, recoberta, a parte de cima, por azulejos azuis e brancos.

Contamos um pouco da história, e, aqui, avançamos no tempo, para melhor ilustrar as tramas que se iniciavam no passado.

Para os jovens da época, o toureiro era um bravo, que enfrentava a fera, subjugando-a. Em paga recebia prêmios e arrancava aplausos da multidão. Tentando vivenciar o apogeu das touradas, estava, ainda na Província de Cadiz, o jovem Rodrigo Munhoz.

CAPÍTULO 15

Rodrigo Munhoz, o aspirante a toureiro

FILHO DE Augusto Munhoz e Dona Rosália, irmão mais velho de Arcádia, todos moravam nas proximidades do porto onde seu pai trabalhava como estivador. Serviu ao exército espanhol, onde aprendeu a montaria e as técnicas de manuseio bélico. Retornando mais tarde ao lar, em Cadiz, tentou se integrar às atividades portuárias, mas não demonstrou aptidão.

Rodrigo tinha um temperamento inquieto, que se manifestava até em seu modo de andar, daqueles que mantêm os passos na ponta dos pés, fazendo parecer maior a estatura. Os cabelos negros como a noite, a pele clara bronzeada pelo clima da *Costa Del Sol*. Olhos expressivos e boca avermelhada. Não era tão forte, tampouco esguio, mas tinha um tronco imponente. Falava abertamente sobre o que lhe vinha nas ideias. Às vezes, as suas palavras eram pungentes, e feriam os brios mais delicados, mas granjeava facilmente amigos, dada a sua espontaneidade e lealdade.

— Quero ser toureiro — anunciou aos pais, enquanto sorviam o caldo quente, durante o jantar. A mãe engasgou, o pai bateu fortemente na mesa, com a mão em punho cerrado.

— *Que quieres*? Matar sua mãe de desgosto?

— Não, *papá*! Só quero escolher meu ofício. Tenho aptidão para as touradas. Serei um grande toureiro, eu garanto. Voltarei com fama e recursos.

A família Munhoz passava por grandes dificuldades financeiras, o seu pai já não era jovem, o que lhe dificultava arrumar trabalho, e queixava-se vez e outra de dores nas juntas, quando trabalhava nas embarcações maiores. A mãe e a irmã mais nova auxiliavam no orçamento, fazendo doces para vender, e ele, como filho varão, sentia-se na obrigação de melhorar a condição de todos.

— Aquilo é um circo, Rodrigo! Muitos se machucam ou até morrem — expôs a mãe, aflita, na tentativa de desencorajá-lo.

— As coisas estão mudando, mãe. Lá em Sevilha estão reformando a *plaza* fechada, que conta com estrutura para os toureiros. Tem promessa de boa paga. Eu consegui uma oportunidade de fazer os treinamentos, num haras daqui. — Olhava para o pai, que ainda estava boquiaberto, tentando lhe arrancar o consentimento: — E, quer saber, fui muito bem! Eles se impressionaram comigo. Prometeram me levar para lá, para as *fiestas* de reinauguração, integrando a quadrilha do matador. Isso tudo daqui uns dois anos.

— Já está tudo armado. Eu sabia! Você é um cabeça-dura! Não vê que precisamos de você aqui? E vivo? — protestou o pai.

— Calma, senhor Augusto — sorria, ao apalpar o ombro do pai. — Eu sei o que estou fazendo, não sou mais um menino!

— Se você não for o matador de touros, o que vai ser, *hermano*? — sondou Arcádia, apreensiva.

— Bandarilheiro!

Percebendo que ninguém sabia do que estava dizendo, continuou:

— A quadrilha do toureiro matador é composta de auxiliares, que desempenham funções, *suertes* diferentes. O bandarilheiro é o toureiro que investe contra os touros as bandarilhas, que são dardos ou farpas cuja haste é enfeitada com uma bandeira ou fitas de papel de cores.

— É perigoso! E se errar o alvo? — estremeceu a mãe.

— É para evitar isso que treinamos a forma certa de investir. Além disso, uns socorrem os outros nas quadrilhas, distraindo o bicho. Além do mais, os chifres são cerrados.

Dona Rosália olhava apreensiva para Augusto, cutucando-o com os olhos para que ele se manifestasse mais ostensivamente. O pai empurrou o prato e todos os olhos ergueram-se, acompanhando esse movimento.

— Estou sem fome. Vou lá fora tomar ar fresco!

Aproveitando-se da ausência paterna, Rodrigo acercou-se das duas:

— Preciso que me ajudem a convencê-lo! Não quero sair daqui contra a vontade dele!

— Como farei isso, Rodrigo? Eu sou sua mãe e não aceito!

— Mãe, um homem tem que escolher o seu destino. Do contrário, ele vira um *maricas*! Eu vou vencer e volto para dividir com vocês minhas conquistas!

A mãe meneava a cabeça, emotiva. Ficou um tempo sem saber o que dizer, conhecia o filho e sabia da sua determinação. Vendo-o levantar, segurou-lhe a mão.

— Filho, se for o que você quer para a sua vida, eu vou aceitar! Vou rezar para *Santa Macarena* todos os dias!

— Obrigado, mãe! — Beijou-lhe a mão delgada com suavidade. — Agora, vou falar com o pai!

Lá fora a brisa do mar penteava as palmeiras. Ele buscou a figura paterna que se confundia nos caules rugosos dos pinhais. Ele espraiava no ar a fumaça, enquanto mordiscava a piteira.

— Está fumando de novo, *papá*?! Já não lhe chega sentir dores no corpo?

— Eu sou o pai, aqui! Oras, já chega a sua mãe me corrigindo. — Arregalou o olho direito, enquanto ia se queixando: — Você sabe a grande trapalhada em que vai se meter? Isso não é coisa pra gente miúda como nós. Corrida de touros nas *plazas* é para o povo. Agora, esse negócio de ofício... É coisa para os fidalgos!

— Pai, deixa disso! Essa discriminação toda! Deram-me uma oportunidade e vou arriscar. Se não der certo, eu volto e tento outra coisa!

— Hunf! — O pai soltou pelas narinas um som adornado com as fumaças do alcatrão. Parecia um velho dragão cansado.

Rendendo-se aos argumentos do filho. – Volta, sim! Mas quero você inteiro!

Eles se abraçaram à luz do luar, desfrutando daquela intimidade nada usual entre pai e filho. O medo fez menção de visitá-los, mas o afeto que emanava daquele abraço não permitiu.

CAPÍTULO 16

O vento

NÃO HÁ UM espaço vazio sequer entre os seres vivos. Todos nós estamos interligados, formando uma grande conexão. Nessas vias de acesso entre o que sentimos e emanamos, entre o que captamos e modificamos, a nossa vontade consciente ou inconsciente ditará o nível da comunicação.

Nossa mente funciona tal qual uma antena, percebendo, conforme a frequência ajustada, os sinais lançados no universo. Escolhida a frequência, usufruímos da faixa sintonizada. Tudo no universo obedece à lei de atração, que emana do Grande Gestor, Deus nosso Pai, expressando a sua suprema justiça. Nesse sentido, passamos a compreender a movimentação, na imensidão do universo, do amor ao ódio.

O som utiliza ar atmosférico como veículo para se propagar. O amor utiliza o fluido cósmico universal para vibrar. A distância é irrelevante para o amor, se houver vontade direcionada e merecimento. Logo, nem a vida nem a morte separarão aqueles que amam, havendo vontade e merecimento.

Consideremos as coisas pela lógica. Mesmo que a ciência ainda não tenha alcançado amplamente determinada área do saber, não significa que não exista, ou que não haja coerência em alguns horizontes descobertos pela filosofia. Afinal, muitas vezes ignoramos certos fenômenos já notórios para a ciência. Vejamos: Não podemos enxergar uma molécula de feromônio, lançada ao vento pela fêmea do bicho da seda, numa linda tarde de verão. Mas essa molécula percorrerá um espaço imenso, em relação ao seu tamanho, e alcançará o macho da mesma espécie, o qual captará o sinal com os neurotransmissores presentes em sua antena, fornecendo-lhe assim a localização da emissora, garantindo a perpetuação dos lepidópteros.

Como se desenvolve o "destino"? Há um projeto anterior orientando a vida de cada um de nós. Mas a mesma lei de atração é aplicada à vida prática, por intermédio da nossa liberdade de escolha. Podemos cumprir esse projeto traçado por uma inteligência maior, muitas vezes, inclusive, com a nossa participação, ou simplesmente fraquejar na vontade e sucumbirmos parcial ou totalmente. Podemos agravar o nosso comprometimento com a lei divina ou superar o nosso destino, fazendo melhor do que nos propusemos em princípio.

O nosso inconsciente "sabe" desse projeto, e sinaliza para a consciência. Se estivermos no caminho certo, ele se acalma, porque tudo está de acordo com o que viemos fazer aqui. Quando não, ele se agita, e sentimos o vazio. O vazio, como o próprio nome diz, é a sensação de que está faltando alguma coisa. Se não soubermos ou não quisermos interpretar essa mensagem, vinda de nosso próprio "eu", corremos o risco de tentarmos preenchê-lo com outras coisas, que não irão nos satisfazer, por serem de natureza diversa. "Buraco de terra se tampa com terra". Esse processo da busca sem coerência desgasta-nos e aumenta o vazio.

Para ouvir a voz interior, temos de silenciar as vozes externas. Desapego é a chave apropriada. Quer voar além dos limites prováveis? Fazer uma viagem no seu universo íntimo, conhecendo a si mesmo? Liberte-se, seja leve o bastante. Esteja feliz para ser feliz.

CAPÍTULO 17

Dois anos depois

A JOVEM interna descansava os olhos, no horizonte desbotado daquele alvorecer. A densa névoa havia se dissipado com os primeiros raios de sol, sem, contudo, abandonar o dia. O azul tão esperado não sorriu no céu matinal. Aguardava assim, por aguardar, como era comum fazer nos dias de visitação. Tentava, contudo, não demonstrar nenhuma ansiedade, para não endurecer ainda mais o próprio coração. Então, reclinava a cabeça na nesga de coluna gélida, que ainda não fora tomada pelas gavinhas das plantas.

– Leandra! Visita para você – anunciou a Irmã Aurélia, num relance de corpo ao corredor.

Ela virou a cabeça, buscando o chamado, e demorou um tempo para entender a mensagem. As pernas se adiantaram à ordem do cérebro, como se levassem o corpo por conta própria. "Quem viria me ver?!". Sentiu um frio indesejável invadindo-a, como uma ríspida governanta disposta a arrumar-lhe a casa mental, que seguia, ditando as ordens: "Ponha no rosto um sorriso. Pare de suar as mãos. Core as bochechas". Enquanto ela andava rumo à sala de visitações, foi repelindo cada sugestão, e, qual espectro de si mesma, surgiu no vão da porta. Vestida num hábito sóbrio, e sem a expressão de vivacidade de antes, Gomez quase não a reconheceu., mas vendo-a, levantou-se subitamente, indo em sua direção. Foi logo dizendo:

— Perdoe a minha ausência. Você não sabe o quanto sofri sem vê-la esse tempo todo! Não permitiam visita masculina.

Ela o olhava profundamente, mas não transmitia nenhuma emoção. A ele parecia descrença, então foi prosseguindo em explicações, o que fazia agora em tom mais baixo.

— Mesmo agora tive de mentir. Disse ser seu primo. Lógico que o patrão concordou com uma carta, autorizando-me a visita. Agora, posso vê-la sempre! Se você quiser... — Ele a segurou nos braços. — Por que está assim tão fria comigo? Diga alguma coisa!

— Dizer o quê, Gomez? Já se passou muito tempo. E desde então me habituei ao silêncio.

— Mas eu não. Preciso que me diga se sou bem-vindo. Que sentiu minha falta.

Ela fitou-o por alguns segundos. Percebeu que, se dissesse algo, a voz sairia embargada. O ar lhe parecia rarefeito. No pensamento vinha aquilo que insinuava ser um pacto, feito a si mesma. "Não quero sentir mais nada."

— Diga-me, Leandra! Ou vou-me embora daqui e não volto mais.

Ele estava ofegante ao dizer isso, arriscava-se, mas seu orgulho se ressentia com a indiferença dela. Vendo que ela mantinha-se muda, pegou o chapéu e deu alguns passos em direção à porta.

— Espere! Fique mais um pouco, Gomez. Tenha paciência comigo. Eu não esperava ver mais ninguém daquela casa.

Ele voltou o corpo.

— Eu não faço parte daquela família...

— Nem eu, Gomez. Nem eu.

— Então entenda de uma vez por todas que eu nunca quis me afastar de você!

Ela levantou-se e depositou a mão em seu ombro.

— Sente-se aqui, está bem? Eu acredito em você. — Agora imprimia às palavras tons de ternura: — Quero que volte mais vezes.

Ele assentiu com um sorriso, pegou em suas mãos e foi fazendo inúmeras perguntas:

— Agora, me diga. Aprendeu a ler? O que tem feito aqui?

Ela achou graça da sua empolgação.

— Aqui não dá para se fazer muitas coisas interessantes. Mas aprendi a ler, sim! Até por fadiga. Porque me deram pilhas e pilhas de livros para copiar, o que faço quase diuturnamente. A Irmã Carmina é minha professora de Gramática e Literatura. Ela é muito severa. Exige-me tarefas e prazos. E quer perfeição nas caligrafias, nas pronúncias. Se falho, tenho de refazer.

– Então está feliz aqui? – indagou Gomez, com agudeza.

A jovem abruptamente calou-se. Perguntar da felicidade alheia significa provocar no outro um contato com o seu estado de espírito. Seu semblante ganhou gravidade, franziu a testa enquanto pestanejava.

– Não! Mas também não vejo outra saída.

– Eu vejo!

– Qual é a sua sugestão?

– O Coronel comentou comigo que após o período de adaptação, e por isso mesmo, proíbe-se o contato externo. O convento só libera as internas para as visitas familiares.

– Eu não tenho família para visitar.

– Mas podemos "dizer" que vai visitá-los.

– Fugir?! Para onde?

Nesse instante, a Irmã Aurélia adentrou no recinto balançando um molho de chaves na mão.

– Leandra! Acabou o tempo de visita.

Gomez sussurrou aos ouvidos de Leandra:

– Na próxima semana conto-lhe o resto.

Ela fez que sim com um movimento de cabeça.

A Irmã Aurélia foi andando enquanto chamava as demais internas, para logo voltar, trancafiando as portas. Gomez, aproveitando-se da distração da eclesiástica, puxou Leandra pelo braço e falou baixinho:

– Não vai dar um abraço no primo?

– Gomez! Não podemos ter contato físico aqui!

– Não tem importância! Ela não está vendo.

Abraçou-a, sentindo o calor do seu corpo. Teve um forte ímpeto e, aproveitando-se da situação, roubou-lhe um beijo.

Ela tentou se desprender, sentindo o apertado do nó de braços em sua cintura.

– O que está fazendo?!

– Fiquei dois anos esperando por isso. Desculpe, não faço mais!

Soltou-a, motivado pelo barulho das chaves, que se aproximava. Abaixou a cabeça, espiando para ver-lhe a reação.

A jovem perdeu a palidez, ganhando um rubor que lhe denunciava as emoções. Nada pôde dizer. Ao sentir a presença da Irmã, encabulou-se ainda mais. Logo foi conduzida às áreas internas do mosteiro.

CAPÍTULO 18

A escolha

AQUELA semana, após a visita de Gomez, pareceu-lhe mais longa do que todo o tempo que esteve internada. Na noite do dia de visita não conseguia dormir, agitava-se com o plano secreto do falso primo. Lembrava-se a todo o momento da pergunta que ele lhe fizera: "Você é feliz aqui?". Passou a refletir mais intimamente, como quem descobre, de repente, que tem outra escolha. "Meu tio nunca mais voltou. Sou sempre abandonada pelas pessoas que prezo."

Lembrou-se das aulas de catecismo, ministradas todas as manhãs. Os ensinamentos sobre Deus, aplicados pela Irmã Genoveva, não haviam lhe tocado as fibras íntimas. Aquele Deus era bem diferente do Deus que seu pai adorava. Quando ele fazia as orações junto dela, ela percebia que emanavam, das palavras proferidas pelo genitor, ondas de amor e gratidão, e a casa era inundada de paz e harmonia. Já nas aulas de Religião, havia severidade, punição, medo e culpa. Se resolvesse enveredar-se em certas áreas, num exercício de alongamento da razão, logo se deparava com um muro largo, chamado dogma. Associou a ideia aos muros do mosteiro. Sentia-se como se os seus pensamentos fossem presos às verdades preestabelecidas, e que não poderia sequer questioná-las. Sonhava, muitas vezes, em romper os muros e ganhar a liberdade. Mas logo se refugiava na resignação. Agora, havia um modo de viver a vida, retomar os sonhos da juventude, que ficaram guardados ali, na recepção do convento, na sala de conferência de bagagens, juntamente com as suas antigas roupas e objetos pessoais.

Enquanto ficava em seu leito, cismando na companhia das paredes, olhou para a mesinha de livros e sentiu-se feliz ao vê-los ali, aguardando por ela para que se multiplicassem. As palavras que impregnavam o papel velino[15] não estavam presas a ele. Só na aparência, porque, em verdade, eram portadoras de ideias, que brotaram um dia na mente daqueles autores, da mina de suas experiências ou vindas por inspiração. Irrigavam a terra, tornando-a verdejante, e matavam a sede de amor, de sonhos, de liberdade.

Era possível estar ali, trancafiada, de janelas cerradas, e descobrir imensa abertura nos livros, pela qual fugia todas as noites sem que ninguém percebesse, e voltava com os braços carregados de frutas frescas, e os pés sem calos, porque deles não fizera uso ao voar. Mas e os dias? Os dias eram maçantes, com atividades repetitivas. Lavava os assoalhos das salas,

---

15. Papel pergamináceo, muito liso e fino, fabricado com couro de carneiro ou bezerro. Ou: Incunábulo impresso nesse papel ou pele. (Nota da médium)

limpava as latrinas, escutava a missa em latim, fazia as refeições insossas, cuidava dos modos, não podia ser espontânea, nem falar nem sorrir demais. Atrasos eram repreendidos ou punidos severamente, era levada para a capela, para rezar repetidamente em penitência. Como o tempo lhe era escorregadio! Vivia fora de órbita. Esquecia de voltar à cronologia daquele mundo. Quantas ave-marias repetidas maquinalmente, por descuidar do tempo! Definitivamente não era feliz ali!"

Sentou-se na cama, para desanuviar as ideias, que ficaram largadas no travesseiro. Sorveu um gole de água da caneca de barro. "Vou aceitar a sugestão de Gomez!" Ao dizer mentalmente o nome do capataz, lembrou-se do beijo roubado. Sentiu-se lisonjeada, por que ele a desejava com ardor. Voltou no tempo, àquele exato momento em que a Irmã Aurélia se distraía deles, e o repetiu várias vezes, como quem se recorda de imagens, vivenciando a cena, e dando-se conta do quanto gostara. Enquanto revivia, desfrutava da sensação de ser desejada, amada, talvez. Acreditava estar numa sala privativa de imagens e sons, a qual mais ninguém teria acesso. Ledo engano de muitos encarnados, presos a crença de estarem a sós, quando estão longe de outro encarnado. Aquela tela mental, projetada no astral, era vista por sua antiga companheira invisível, que comumente a observava, sem, contudo, poder acessar-lhe diretamente as teias mentais, na maioria das vezes. Fazendo, por esse motivo, um esforço para atingir as pessoas ao seu redor, que melhor se adaptassem a sua sintonia, agindo indiretamente em sua vida. Tal situação era permitida pela espiritualidade maior, por haver entre ambas um comprometimento pretérito.

    Lateefah a observava e percebia a sintonia estabelecida. Aproximou-se satisfeita, sugerindo a Leandra situações de maior envolvimento sensual. A jovem, por ingenuidade, somou aquelas sugestões aos seus pensamentos, e sentiu-se excitada. "Nunca estivera com um homem. E se fugisse com Gomez, o que ele esperaria dela?" O conflito se instalara: entre o que estava desejando, e o que era correto fazer. Considerou que a liberdade vinda da fuga do convento poderia ser dissipada pelo envolvimento com Gomez. Recuou da viagem imaginária a que se submeteu. Assustada, tentou repelir aquelas ideias e teve dificuldades. Adormeceu após longas horas de inquietação. E despertou pela manhã, com as badaladas do sino. Certamente levaria olheiras profundas para a missa matinal. Supunha, porque há muito tempo não se olhava no espelho.

CAPÍTULO 19

O pacto

NO DOMINGO seguinte, Leandra já não estava inerte como no último dia de visitação. Ela o aguardava, como combinado, porém com dificuldades para conter a inquietação, que a fazia caminhar pelos corredores, esticando-se vez e outra nas pontas dos pés, buscando nas vidraças das salas o próprio reflexo, de modo a conferir o alinhamento dos cabelos.

José Gomez apresentou-se à Irmã Aurélia, exibindo nas mãos um singelo ramalhete de flores. A freira ergueu seus olhos, quase sumidos nas pálpebras enrugadas, mirando-o, para lhe extrair as intenções.

— Irmã, minha prima é muito sensível! Pediu-me flores para alegrar-lhe a cabeceira.

Ela balançou a cabeça verticalmente, enquanto espremia levemente os lábios murchos:

— Está bem, mas não a mime demais!

Ficou ali aguardando, na mesma sala que já lhe parecia apertada, ansioso por conhecer-lhe a reação do último encontro.

– Leandra... – A Irmã Aurélia mal pôde concluir a frase e já tinha a interna junto de si.

– Chamou-me, Irmã?

– Parece estar bem disposta hoje...

– Pareço?! – Assustou-se com a observação da freira, percebendo-lhe a desconfiança, e dissimulou: – Deve ser porque aguardo notícias de minha família. Meu tio Antonio... Há muito não o vejo.

– Ele costuma passar aqui para trazer a contribuição. Mas normalmente quem vem até mim é o seu primo, o senhor Gomez – concluiu a serva de deus.

A sobrinha do Coronel sentiu uma ponta de ressentimento cutucar-lhe os brios.

"Ele vem até aqui e não me vê". Enquanto cismava, seu semblante parecia uma imagem que perdia o foco, rapidamente ajustada pela lente da polidez.

– Meu tio é um homem muito ocupado. – Fez um meio sorriso, e insistiu – A senhora me chamou?

– Ah, sim! Tem visita para você. Seja breve.

Apertou o passo até alcançar a porta, respirou fundo antes de entrar. Viu o capataz em trajes alinhados, estampando no rosto um risinho, que mais parecia um traço ligando-lhe as bochechas, percebeu a surpresa oculta atrás do corpo ereto. Achou graça da cena. Diante do riso dela, ele fez um leve movimento de pescoço, jogando o queixo para o lado, sem, contudo, perder-lhe da mira.

— Está rindo de mim?

— Imagine. Só estou surpresa!

— Ah, bom! Ou teria que voltar com as flores para casa. — Esticou os braços, entregando-as a destinatária.

— Você me encabula, Gomez. Obrigada pelas flores, são lindas!

— Por que se sente assim em relação a mim?

— Parece estranho tudo isso. Você é um homem, conhece muitas coisas. Carregou-me no colo quando eu era criança. Sempre convivemos como irmãos.

— E agora? O que somos?

Ela arrependeu-se de abrir tamanha brecha para as suas investidas. Agora, ele esperava dela alguma confissão, que não estaria pronta a dar. Olhou para ele, tentando quebrar aquele clima, com uma chacota:

— Primos! Não é isso que disse para as freiras? — Riu-se.

Gomez percebeu que os minutos de que dispunha para a visitação estavam avançando, e ele iria perder na corrida do tempo. Agarrou-a, beijando-a com mais vigor do que antes. Agora, segurava o seu rosto com as duas mãos.

— Primos não se beijam assim — disse ele.

Leandra não esperava, ficou aturdida. Levantou-se, recuando.

— Gomez! Você disse que não faria mais isso!

— Disse! Mas antes queria saber se você não quer que eu faça!

— Você está apressando as coisas. Eu não sei o que quero!

— Está bem! Vou deixar você pensar melhor. Agora, vamos falar do nosso plano.

Vendo-a em pé, a dois metros de distância, asseverou:

— Pode sentar-se ao meu lado, prometo que hoje eu não a beijo mais. Se ficar aí, onde está, vou ter que falar alto, o que não convém.

Ela sentou-se.

— Qual é o seu plano, Gomez?

— Nosso plano?

— Sim, nosso plano!

Retirou do bolso um papel, entregando-a o que lhe parecia ser uma carta.

— Tome, guarde isso, antes que alguém veja!

Ela colocou no bolso do uniforme. Enquanto ele fazia a explanação.

— Isso que lhe dei é uma carta com a letra e assinatura do seu tio. Quero que faça uma cópia, mudando alguns dizeres, para que seja uma autorização de saída. O importante é que a letra fique igualzinha a dele.

— Gomez, você está louco? Ele vai descobrir tudo.

— Seu tio estará por seis meses envolvido em viagens pela Real Maestranza. Deixou comigo uma quantia em dinheiro, para a sua manutenção aqui, pelo mesmo período... Que por sinal, eu deveria entregar ao convento no próximo mês.

— E não vai entregar?

— Não! Vou pegar para você sobreviver, até que possa arrumar um trabalho.

Ela ficou pasma, olhava para ele sem compreender o porquê de ele se arriscar tanto por ela.

– Por que está fazendo tudo isso?

– Eu tenho os meus motivos! Saberei inventar uma desculpa se for necessário. Ele não terá coragem de me dispensar!

– Fala com tanta certeza. Parece que ele lhe deve algo!

– Agora isso não interessa! Vamos falar de nós.

Ela estremeceu. Aquilo tudo lhe parecia um pacto. Olhava para ele com medo da conclusão. "Qual seria a sua parte do acordo, além de forjar a letra do Coronel?"

– Vou deixá-la pensar., como prometi. Quero que faça por vontade. Vou me arriscar por você. Consegue saber por quê?

Recebeu uma ordem do cérebro para responder com uma pergunta. Logo o seu coração interceptou a mensagem cerebral, alertando que, para toda pergunta haveria uma resposta. Tamanha confusão se passava em letras garrafais por sua expressão facial, e só um completo ignorante não compreenderia. Ele foi ao seu socorro, arrematando:

– Porque eu *te quiero*! Quero que seja minha!

O mesmo barulho de chaves os fez lembrar que a hora era tardia para maiores conclusões. Já despontava na porta a irmã Aurélia, o que a fez levantar-se.

Ela dedicou-lhe um último olhar, que de algum modo parecia familiar. Se fosse dado aos detalhes, reconheceria que aquele olhar era o de abate, semelhante ao que lhe dedicou o *Jabonero*, naquela distante manhã de domingo, no treinamento especial de cavalos.

CAPÍTULO 20

❦

A fuga

PERCORRERAM o caminho engendrado, cada qual cumprindo o seu papel no plano de fuga. A saída de Leandra estava marcada para o próximo domingo. Ela fez a última refeição no convento, antes de se recolher. Observou a lua posta no céu negro, perscrutou-lhe a face alva, e quanto mais se aprofundava nela, maior lhe parecia. Não revelava incomodar-se por estar ali, cravejada na imensidão como pérola solitária. Não aparentava sentir frio no berço prateado da noite. Estava lá, altiva, assistindo a tudo com a mesma empáfia de sempre. Ou bastava-se, ou, alheia, estava deserta. Balbuciou à Lua um lamento. "Conta-me, como suporta a solidão sem perder o viço?" Poderia jurar ter ouvido a resposta, quase silenciosa, que saiu de suas crateras. "Regala-te do teu cajado! O monte atravessará com ele. Irá te apartar da mata ríspida. Servirá de esteio à tenda rota, que lhe protegerá na intemperança. No entanto, lança-o ao lume na noite fria! Prescindirá dele? Por certo o lamentará!"

Olhou ao derredor. Nada viu. "Estaria a ouvir vozes?" Teve ímpetos de correr e colocar no papel, registrando aquilo que mais lhe parecia uma citação. Estava afeita àquela linguagem. Jesus falava assim aos seus apóstolos. Mas nunca havia refletido muito quanto ao significado daquelas palavras, que lhe pareciam rebuscadas. Muitas foram as traduções da *Bíblia*, acréscimos e decréscimos de palavras empoladas. Mas Jesus era simples, falava às multidões, compostas de cegos, estropiados, desprovidos de títulos e ostentações. Uma emoção nova envolveu seu coração, sentiu vontade de gritar de alegria, mas tinha os seus pés atados àquela realidade. Dentro de si vivia também um moribundo, que falava alto. "Tire-me logo daqui, antes que eu morra. Já não sofri o bastante?"

Os conflitos íntimos têm a estrutura de um coral de mil vozes, em que não há respeito nem sincronia. Todos entoam um canto confuso, por vozes alternadas. É mais fácil atender àquele grupo que grita mais alto. Quando não há regente, ganha quem der mais gravidade à voz. As vozes do céu são suaves, delicadas, não esbravejam, não se contrariam; sugerem, apenas. As vozes da Terra são fortes, imponentes e imperativas. Evangelizar-se significa aprender a ouvir cada voz e estabelecer a perfeita sintonia entre elas. O iniciado começa a ser o regente da própria vida.

Foi para o quarto, acomodou os livros, acariciando-os em despedida. Fitou a vela que engrossava o próprio corpo com as ceras derretidas, ganhando um amarelo cada vez mais sujo. Precisava daquela chama bruxuleante, para trazer-lhe a sonolência.

Aquele despertar não teve badaladas. Ouviu as pancadinhas na porta, vindas das mãos da Irmã Clarisse.

– Leandra! Trouxe as suas roupas, apronte-se e esteja na recepção em trinta minutos.

Arrastou a mala, largada ao beiral da porta, para dentro do quarto. Lá estavam as suas roupas, há dois anos adormecidas. Sacudiu alguns vestidos e escolheu o amarelo. Banhou-se. Ajeitou como pôde os cabelos, isso já sabia fazer instintivamente. Percorreu aquele quarto com os olhos pela última vez, e desceu.

Gomez estava lá, pegou-lhe a mala e beijou-lhe o rosto. A Irmã Clarisse a chamou.

– Já ia me esquecendo, tome! Agora que sabe ler... – Entregou-lhe o livro, que havia ganhado de seu pai.

Leandra agarrou-se a ele, abriu a capa, e dessa vez pôde ler-lhe o título: "O Sermão da Montanha". Abraçou a Irmã Clarisse, que lhe oferecia um sorriso.

– Obrigada, Irmã. Por tudo o que aprendi aqui.

– Acalme-se, ainda aprenderá mais. Lembre-se de que voltará em alguns dias.

– Mesmo assim eu agradeço. – Virou-se e subiu na carruagem. Percebeu tratar-se de outra diligência, mais moderna do que aquela que utilizava antes, na fazenda.

Os cavalos saíram ao comando de Gomez. Em alguns minutos, margearam um monte, alcançando um planalto onde pôde avistar o mosteiro, que, no verde, foi se transformando numa mancha cor de barro. Logo ganharam a via principal, atravessaram o centro urbano, até chegarem num bairro isolado. Pararam em frente a um sobrado. Das duas janelas, que se assemelhavam a dois grandes olhos, podiam-se ver duas moçoilas em risinhos, que desceram ao verem a carruagem estacionar. Curiosas pararam na frente da diligência e alongaram as pestanas para Leandra.

– Olá, *muchachas*! Como prometi vim cedo. – Gomez saltou, deu a mão a Leandra, e foi dizendo:

– Esta é Leandra, minha prima...

Ela olhou para ele, sem saber por que continuava a dizer isso. Mas correspondeu ao sorriso das moças.

– Prazer, meu nome é Lucélia!

– O meu é Izadora!

– Bem, o meu nome o "primo" já disse. Prazer! Vocês moram aqui?

Uma olhou para a outra e gargalharam. Lucélia respondeu:

– Sim! Aqui fazemos de tudo, moramos, trabalhamos. Vamos entrar! – Foram ajudando com as coisas, deixando os dois para trás.

– Prima! Aqui será o seu novo lar! Já acertei com Dona Acácia a pensão. Não terá que trabalhar como as meninas. Nem de longe, aliás! Até que eu arrume coisa melhor.

– Gomez, por que insiste em me apresentar como prima? Já saímos do convento.

Leandra aguardou até que ele lhe desse uma resposta.

– Vamos deixar assim. Ajudará nas tratativas.

– Estamos fechando um negócio?

— Diríamos... Para que não seja um negócio. — Riu só com os dentes, e avermelhou-se. Vendo a contrariedade da moça, tentou amenizar:

— Disse à Dona Acácia que você é uma prima que ficou órfã e precisa de um lar temporário. Não disse de quem é sobrinha para que não descubram o seu paradeiro. Vou pagar pela estadia, logo, ficará num dos quartos de hóspedes. Lá, ninguém vai molestá-la. Só lhe peço que se recolha cedo. E não saia do quarto durante a noite por nenhum pretexto, está bem?

— Tenho experiência em não sair do quarto. Tirou-me de uma prisão para outra, por acaso?

— Confie em mim! As meninas são boa gente! E Dona Acácia me deve favores. Fará o que eu pedir! Vai protegê-la!

— Proteger? Do quê?

O capataz não era dado a explicações. Puxou-a pelo braço, para dentro da casa, e foi resmungando:

— Vamos, Leandra. Tirei você de lá não foi? Se dê por contente! Ou prefere as missas?

O interior do sobrado era todo rosado. Logo na entrada, passado o saguão, rico de espelhos e chapeleiras, avistava-se uma ampla sala com estofados confortáveis, feito de estampas coloridas que se desbotaram pelo uso, mas vivazes, graças aos filetes dourados. Tapeçarias e cortinas se espalhavam pelo interior da casa, dando-lhe maior aconchego. Na indumentária do edifício, impregnado, percebia-se um cheiro de alcatrão, ali acomodado pela falta de sol.

Venceram a sala de estar, chegaram a uma sala menor, onde garrafas se ladeavam inertes, como morcegos no interior de uma caverna. Veladas por uma cristaleira, louças e requintados copos, para as mais diversas ocasiões.

Quebrando o silêncio da sala, Gomez foi bradando, enquanto puxava a jovem:

— Dona Acácia!

Avistaram uma senhora, um pouco cheia nas formas, mas alinhada em belo vestido. Ela sorriu ao vê-lo. Deu a impressão de esticar-lhe os braços, depois os recolheu, ao ver-lhe a companheira.

— Essa é Leandra, de quem lhe falei!

Dona Acácia manteve o sorriso.

— Que linda moça! Soube do ocorrido, lamento muito querida!

Leandra já não sabia dizer dos ocorridos. Sentia-se fazendo parte de uma lenda imaginada por Gomez. Simplesmente concordou com os olhos, o que os lábios cerrados não ousaram desmentir.

— Prazer, Dona Acácia! Bela casa a sua! Parece um hotel!

— Quase isso, minha filha! Recebemos todas as noites. Deixamos a sociedade de Sevilha mais alegre, isso eu garanto!

Leandra já ia se alongar nos questionamentos, mas foi interrompida por Gomez.

— Minha prima é muito curiosa. Mas já lhe alertei para permanecer no quarto. Norma da casa para os hóspedes. Eles não participam dos saraus. Não é, Dona Acácia?

A senhora parecia não querer contrariar Gomez em nenhum aspecto. Confirmava suas afirmações, mesmo antes dele concluí-las, parecia um teatro de improvisos. Assim, Gomez foi dando linha às suas divagações, que a ele pareciam sair de sua boca e imediatamente serem processadas por um moinho mágico, saindo na outra ponta como o mais puro néctar.

– Já disse a Leandra que aqui será seu abrigo temporário. Assim que eu conseguir um dinheiro que estou esperando providenciarei coisa melhor.

Nesse ponto, Dona Acácia parou de concordar com a cabeça. Olhou para ele, desconfiada.

– Por acaso planeja comprar alguma propriedade, Gomez, e nos privar de suas visitas costumeiras?

– Isso é assunto meu, não acha?

Ela apaziguou os ânimos:

– Bem, o tempo se encarregará dos fatos. Vamos acomodar Leandra! – Falou ela, mudando de assunto.

Subiram dois lances de escada. O seu aposento aparentava ser o mais alto. A porta do cômodo abriu-se num sorriso, como se pudesse prever a sensação que causaria aos visitantes. Mimoso quarto, decorado com bom gosto e zelo. Para a cama dispuseram um níveo tule, como cortina aberta para um espetáculo. Na cabeceira, um criado mudo acomodava uma delicada lamparina, que se assemelhava a um frasco de Chapman, adornado com uma cúpula de resina vermelha e verde. Cômoda de madeira trabalhada, paredes forradas, e teto desenhado com gesso. Havia camisas e calças masculinas no armário, cuidadosamente engomadas.

– Que lindo! Nem parece um quarto de hóspedes – admirou-se Leandra.

– Um hóspede especial morava aqui. Mas um dia teve de ir embora. – Dona Acácia alisava a cama enquanto falava, como se acariciasse um passado distante.

– Agora será seu quarto. Espero que seja feliz aqui!

Gomez observava as duas da porta. De repente, deu-se conta da hora.

– Agora vou deixar vocês conversando! Preciso voltar à fazenda. Mas, antes, quero mostrar uma última coisa! – Abriu a janela e mostrou-lhe uma nesga de telhado, que se explanava, formando uma sacada. – Aqui é um ótimo lugar para ver estrelas. Sei que gosta! Suba aqui! – disse, dando-lhe calço.

– Realmente! Dá para ver bem a abóbada celeste.

Ele a recostou na parede externa, fugindo da vista de Dona Acácia, pressionando o seu corpo contra o dela. Aproximou os lábios do seu rosto e sussurrou:

– Volto à noite, para vê-la!

CAPÍTULO 21

A Casa das Acácias

A JOVEM acompanhou Dona Acácia ao mercado, queria ser útil e, desse modo, também saber das coisas. Olhava ao redor, enquanto desciam uma alameda cercada de arbustos, alguns carreavam delicadas flores, que, exibidas, atraíam minúsculas borboletas de diversos matizes. Sentiu um vento novo lhe animar a alma liberta. Andar pelas ruas é um gesto simples, que pode ganhar significados novos conforme as experiências que travamos na vida. Encorajou-se a discorrer sobre suas dúvidas com a senhora, que aparentava receptividade.

– É muito bom ser recebida em seu lar! – A senhora abriu um sorriso, enquanto buscava o melhor da calçada para atravessar. Alcançaram a outra margem da ruela, e ela foi assuntando:

– Desculpe-me a indiscrição. O Gomez me disse que a senhora cuida sozinha dos negócios. – Dona Acácia confirmou, piscando repetidamente os olhos.

– E a senhora não tem família?

Um leve amarelo repousou nas bochechas salientes da senhora, que fez algum esforço para manter a amabilidade.

– Minha família é composta por aqueles que moram na Casa das Acácias. – Como percebeu que Leandra continuaria perguntando, tentou ser mais convincente: – Você é jovem, perceberá que, quando não se nasce numa família de posses, a vida é muito dura com a gente. Temos de ganhar o sustento numa sociedade preconceituosa e hipócrita. As mulheres não têm as mesmas oportunidades que os homens de se desenvolver, e aquelas que alcançam a instrução, se quiserem trabalhar, serão vistas com maus olhos. Isso se conseguirem trabalho digno. Só nos resta o casamento. Do contrário, temos de não ligar para as más línguas.

Aquela concepção de vida foi articulada como um pacote pronto, cujo conteúdo não se escolhe em porções, se aceita ou recusa-se. Leandra ficou digerindo aqueles conceitos, ela aprendera cedo a dureza da vida, mas guardava numa caixinha secreta uma coletânea de sonhos, pronta para o uso, bastava romper o lacre. Em seu ponto de vista, o problema era justamente de oportunidade. Ficou pensando sobre as provas que atravessara aquela mulher madura para chegar àquelas convicções.

Entraram no mercado. Mal ingressaram e depararam-se com duas senhoras, que se faziam acompanhar de um criado para carregar-lhes os pacotes. Ao vê-las, Leandra lembrou-se do porte altivo de sua tia Leonor. As duas voltaram-se discretamente uma para a outra, indicando Dona Acácia com os olhos. E por vir mais atrás, Leandra pode ouvi-las dizer.

– Essa é a *Chamicera* da Casa das Acácias.

Dona Acácia foi entrando indiferente, parecia não perceber que era o centro das atenções. Escolhia os suprimentos com tranquilidade. Cumprimentou o dono do armazém. Ele enrubesceu e soltou um *Buenas* por baixo dos olhos, que buscavam a aprovação dos circundantes. Ela exibiu-lhe o *monedero*.

– Quanto lhe devo? – Pagou o cobrado, ergueu os pacotes e deu de ombros.

A jovem, que tudo observava, intrigada, pôde perceber que, na saída, o dono da venda alongou os olhos para si, dando um sorriso malicioso. Percebendo a venda vazia, ele arriscou:

– Dona Acácia! – Ela voltou-se para ele, lá da porta. – A bela moça trabalha para a senhora?

– De modo algum, senhor Irineu! Ela é minha sobrinha.

– Ah! Que pena! – Riu-se.

As duas foram carregando as sacolas. Dona Acácia, de relance, observava Leandra, como quem cuida da pressão de uma panela. Ela articulava os questionamentos, e por fim inquiriu:

– O que é uma *Chamicera*?

– Onde ouviu isso, menina?

– Na venda... Aquelas senhoras se referiram assim a você! Dona Acácia, gargalhou, em desforra.

– São duas mal-amadas aquelas! – Lembrando-se das ponderações de Gomez, tentou remendar: – Leandra, como eu lhe disse, as mulheres que tem o seu próprio negócio são mal vistas pela sociedade. *Chamicera* é mulher de má-vida!

– Elas se portavam como minha tia Leonor. Olhavam-nos de cima. Acaso trabalhar não é digno?

– É o que eu digo! Trabalho é trabalho! Nossos clientes vêm buscar na minha casa o que não acham em suas casas.

Leandra intrigou-se ainda mais.

– Dona Acácia, o que eles vêm buscar na sua casa?

– Diversão. Alegria. Música. Liberdade! Essas mulheres são cheias de pudores e são umas infelizes, prendem seus maridos, lamentam-se da vida o tempo todo! Não há homem que aguente isso, minha filha! Aprenda comigo!

A Casa das Acácias empregava muitas moças, algumas acordavam cedo e ajudavam nos afazeres e no preparo das refeições. Os rapazes ajudavam nos trabalhos mais pesados. Outras, que trabalhavam durante a noite, acordavam mais tarde e se entretinham em outras atividades, dentre elas a dança. Quando percebeu haver ali um grupo de bailarinas que ensaiavam à tarde as suas coreografias, admirou-se, e acercou-se delas, querendo, de algum modo, interagir. Dona Acácia, vendo, alertou-a:

– Não deixe o Gomez perceber suas intenções. Ele vai ralhar comigo!

– Pode deixar, Dona Acácia! O Gomez sabe de minha paixão pela dança.

– O Gomez não sabe dividir quando o assunto é paixão – disse isso, sentenciando.

Leandra sorriu e deu de ombros, empolgada com a música. Lucélia, percebendo o interesse pelo ensaio, chamou-a para o tablado.

— Venha, Leandra, ensaiar com a gente!

Em dois tempos ela subiu, colocou de lado as chinelas e foi se deixando levar pela música. Quem pudesse crer em musa, fadas ou duendes, saberia que, ali, se somava às forças da bailarina uma energia invisível, e talvez atribuísse a essas figuras alguma intervenção. Foi assim que as meninas reagiram ao estilo diferente de dançar da jovem.

— Onde aprendeu a dançar assim?

Ela ria, empolgada.

— Eu amo dançar, sinto-me verdadeiramente livre quando o faço. Se fechar os olhos, então, nem pareço pisar o chão. Mas aprendi com as ciganas que na dança, música ou qualquer forma de expressão, para que haja essa energia diferente, temos que aprender a liberá-la. — Percebendo a curiosidade alastrada em torno de si, deu mais ênfase à sua história: — Disseram-me que existe um estágio da dança em que a bailarina abstrai-se dos cinco sentidos, concentrando-se unicamente nas batidas da canção. Latente nas notas e nas letras, reside o sentimento que as concebeu, ele se combina com a energia do intérprete e soma-se com as emanações da plateia, causando a sensação de unicidade. Todos, artista e público, formam uma sintonia, conjugando-se. Assim podemos fazer com todas as forças da natureza. Não somos um só, no palco, somos a representação de todos que estiverem formando a conexão.

— Nossa! Nunca havia pensado nisso! — estranhou Izadora. — Você podia nos ensinar, Leandra!

— Imagine se o Gomez vai deixar — ponderou Lucélia.

– Mas acaso ele tem de deixar? – indagou Leandra. – Mais um motivo para eu trabalhar com vocês! Assim, posso me sustentar sozinha!

As meninas se olharam admiradas.

– Leandra, você não vai querer trabalhar conosco! Isso não é vida para você. Ao que parece, você tem instrução, e Gomez não nos disse direito, mas faz planos a seu respeito.

Ela parou e refletiu.

– Está bem vou conversar com Gomez! Devo isso a ele!

Quando a noite foi se aproximando, todas as dançarinas buscaram os aposentos, dedicando-se à produção. Banhavam-se nas essências perfumadas, escolhiam os vestidos e adornos. Leandra vibrava com os preparativos, aprendeu a se maquiar com Carmem, que detinha a técnica e um impecável estojo com os melhores apetrechos de toucador. Brincos, colares, pulseiras, luvas, ligas... Aparatos de todas as formas e cores. Os armários se abriam, exibindo uma parafernália que garantia a novidade para cada noite, e, como num camarim, as beldades se atropelavam diante dos amplos espelhos.

Dona Acácia entrou na sala de trocar e foi buscando a nova moradora.

– Corra, Leandra. O Gomez está chegando! – Arrancou a moça do meio das plumas, que enfeitavam seu pescoço. Depositou-a em seu quarto, alertando-a – Seja discreta com ele! Diga que estava lendo, ou coisa assim.

– Dona Acácia, parece que tem medo de Gomez!

– Medo não... Respeito!

Ela ficou andando de lá para cá, sem entender nada. Até que ele abriu a porta do quarto.

— Estava me esperando?

— Sim!

— Que bom! O que fez hoje?

Sem saber o que dizer, disse o mínimo.

— Nada demais. Fui ao mercado com Dona Acácia!

— Está louca, Leandra? Quer ser vista pelo seu tio?

— Mas ele não está viajando?

— Bem, está. Mas alguém pode reconhecê-la e contar para ele! Aí ele vai obrigá-la a voltar para o convento!

— Tem razão. Pode ser que o faça! Ele tem direito sobre mim, não é?

— A menos que você se case.

Ela desatou a rir.

— Imagina, Gomez! Eu me casando...

— Não pensa em se casar?

— Até penso. Um dia...

O rapaz externou certa contrariedade, mas prosseguiu.

— Deixe isso para lá! Eu vim aqui, agora, para ficar com você!

Da forma como disse, causou-lhe um certo temor. De repente, percebeu que estava trancafiada num quarto, sozinha, com um homem. Aquele mesmo que lhe impusera um pacto, na sala de visitação do convento.

CAPÍTULO 22

A porta entreaberta

EXISTE UMA história, aguardando ser contada em cada fato cotidiano da vida. Ela fica ali, distraindo-se com os que passam, certa de que não será notada. Mas para toda história existe um contador. Ele é o sujeito que passa, e a avista, e sabendo que ela é arisca, espreita. De observadora passa a ser observada. Descuidada por descrença, mas vaidosa por natureza, acaba por gostar de virar assunto. Porque, depois disso, irá se espraiar em todos os fatos semelhantes, e quem ouviu dela dizer sofrerá um *déjàvu*, uma sensação de algo experimentado ao longo da vida, para tantas quantas forem as estórias contadas e sabidas.

A porta estava entreaberta. Por ela, o vento passou sorrateiro e resfriou o sono do infante, que ardeu em febre à noite. Se estivesse toda aberta, alguém saberia, porque mesmo nada dizendo, hábito próprio dos inanimados, saltaria o fato aos olhos dos passantes, que notando o largo vão, a fechariam, sem dúvida. Mas, entreaberta, golpeou a mãe zelosa, cegando-lhe a providência e impingindo-lhe a vigília. No dia seguinte, a mesma porta, apesar de cega, mas sabedora de sua função, que fecha ao ser fechada e abre ao ser aberta, insistiu em ficar entreaberta. A criança, quase refeita da enfermidade, teria um sono reparador, mas ei-la teimosa, semicerrada de novo. O vento sorrateiro passou por ela e a fez bater estrondosa em seu batente. O pequeno jaz no berço sonolento, e assustou-se, trazendo alarde à parentela. O criado, que até agora era mudo, olhou com agudez para a desmantelada porta, e falou ameaçador:

– *Defina-se. Ou bem se fecha ou bem se abre! Desse modo, causa embaraço aos que de ti necessitam. Não sabendo o que esperar, lançarão mão de ti!*

CAPITULO 23

A confissão

"*Ao confessar-te os meus anseios, quis dividir contigo as minhas dores, e pôr um fim à angústia que me enfraquecia a alma. Nem tive tempo de sondar do tempo que dispunhas, ao entregar-te nos braços livres meu fardo repentino, nem quis conferir se seria demasiado às tuas forças, simplesmente aliviei-me e parti.*"

GOMEZ GIROU a chave da porta e aproximou-se de Leandra lentamente. Seus olhos até seriam enigmáticos se as suas intenções previamente estabelecidas já não tremulassem feito um laço sobre a sua presa.

Ele pousou as mãos sobre os braços dela, para depois apertá-la com mais vigor. Ela sentiu aquele toque como uma ferroada. Na defensiva, tentou ganhar tempo.

— Precisamos conversar, Gomez!

O capataz inquiriu, desconfiado:

— Você não vai cumprir o combinado?

— Não imaginei que você me cobraria desse modo! Eu lhe disse que estava confusa!

— E eu lhe disse que pensasse. E me respondesse quando estivesse certa! Estamos aqui, não é? Eu fiz a minha parte!

A moça, com a voz embargada, contestou:

— Você sabe o que eu perco se fizer a minha parte...

— Eu me arrisquei por você! Também posso perder muito. O meu emprego. Ou coisa pior. Disse que a libertaria se fosse minha! Você mesma acaba de dizer que não pretende se casar. De que outro modo pretende ser minha, Leandra? Diga-me!

— Meu Deus! Por que tenho de pagar pela minha liberdade? Você não me ama, Gomez. Apenas me deseja!

Ele percebeu que seria necessário utilizar uma manobra para ganhá-la. O sentimentalismo das mulheres para ele era um caminho sinuoso, mas muitas vezes necessário.

— Eu a desejo, é verdade, porque você é linda, Leandra. E eu conheço muitas mulheres... — ele ia dizendo aquelas palavras como o prisioneiro que detém um molho carregado de chaves e, na pressão do tempo, experimenta todas, mesmo sabendo que somente uma abrirá a fechadura. — Mas você acha que se eu não a amasse, faria toda essa loucura para estar com você? Mesmo antes de você ser levada para aquele convento, eu não lhe confessei o meu amor?

Ele afagou os seus cabelos delicadamente, ela levantou os olhos, buscando, nos dele, a sinceridade. Ele, percebendo que ela ainda vacilava, continuou.

– Eu tenho medo que você seja cortejada por outro e desista de mim! Por eu ser um mero empregado da fazenda do seu tio. Preciso sentir que você é minha. Que me ama também! Se ficarmos juntos, saberei. Se depois disso não me quiser mais, eu a deixarei livre!

Aquela última palavra era a chave, ele pôde ler isso nos olhos dela. Pegou em sua mão, levando-a aos seus lábios, e a beijou demoradamente, sentindo pelo toque a sua pele. Ela cedeu-lhe a mão. Ele percorreu os braços e a nuca, envolvendo-a, trazendo-a para junto de si. Ela cedeu a tudo isso. Deixava-se conduzir, como na dança, abstraindo-se de cada passo que ele dava em sua direção. Buscando, ao final de tudo, a liberdade.

O calor do sol causava um estalido na madeira da janela, que trazia aos poucos, do sono, a jovem adormecida. Abriu os olhos e percebeu não estar só. Levantou-se com suavidade, vestiu-se silenciosamente, buscou o corredor, pela porta, e desceu os degraus sem fazer alarde. O aroma do café coado recentemente anunciava a hora do dia. Saiu na varanda dos fundos, e foi recebida pela generosa manhã. Lembrou-se de um poema que seu pai gostava de ler para ela.

"Manhã sempre manhã,
para tudo acordar,
faça o meu dia despertar!

Traga o aroma da seiva,
espargindo no galho verde!
Oh clarão, que na leiva,
descortina à vista, e se perde,
pois em tudo se espraia,
no imenso universo.
Como eu nesse verso.
Desde o adeus da lua, aia
da noite infante,
Ao sol nascendo no levante.
A troca de sinfonia,
que o breu faz com o dia.
Dos grilos e anuros,
nos palcos escuros,
pelos gorjeios entoados,
dos palcos iluminados.
Assa-se o pão.
Faz-se a oração.
Beija as faces, oh prestimosa,
dos seus entes.
E depois vá garbosa,
entrementes,
não se faça saudosa,
Pois te esperarei na aurora,
como agora.
Minha doce amada,
da pele alva adornada,

> *pelos matizes das flores.*
> *São tantos os seus amores,*
> *na natureza louçã.*
> *Oh graciosa manhã!"*

Sentiu a face arder com as lágrimas, não soube precisar por qual dor chorava. Pensou ser de saudades do pai ou de solidão, aquela dor que é possível sentir em meio à multidão. Se soubesse identificar a causa da dor, saberia que chorava por ilusão. Safou-se da prisão que lhe representava o convento, nas asas adaptadas do amor-apego, e dele tentava se libertar com a chave falsa do sexo descomprometido, aquela comumente utilizada para se esquivar do amor.

Como lamentava não ter Emiliana para se consultar. Não sabia o que fazer com aquela realidade. Questionava-se em relação à crença que tinha em Deus e na sua justiça, pelo fato de não ter tido uma família nem laços duradouros de amor e cumplicidade, mesmo aqueles que conseguira cultivar foram rompidos pelos infortúnios, escapando-lhe da convivência. Estava com os olhos fechados e ouviu ecoar em sua mente uma voz serena, dizendo-lhe: *"Meu amor, a causa está em si mesma. Procure-a e a encontrará!"* Contrafeita, não compreendeu de que forma ela mesma se impingiria tal sofrimento. Comovida, resolveu buscar uma maneira de reencontrar-se com as amigas queridas, Emiliana e Nina. Sem, contudo, revelar-se aos seus tios.

"Agora, é preciso recompor-se, para pensar melhor no que fazer, sem sofrer interpelações." Sorveu um gole de café, sentiu a mente

despertar. Gomez surgiu na porta da cozinha, e antes que ela percebesse sua presença, ficou a observá-la. Ela sorriu para ele.

Ele aproximou-se dela e deu-lhe um beijo no rosto.

– Bom dia, princesa!

– Bom dia, Gomez!

Agachou-se para ter com ela.

– Poderia agora me chamar de José. Já não temos intimidade?

– Não tenho hábito, só isso! Mas se prefere, José!

Não era bem a reação que esperava dela. Mas não se deixou abater.

– Vim me despedir, vou à fazenda! Nos vemos à noite?

– Sim! Para onde eu iria? – Fez uma pausa, e ponderou – Eu gostaria de me reencontrar com Emiliana, sinto saudades. E de Nina também! Elas perguntam de mim?

– Quase não as vejo, Leandra. Mas por que deseja encontrá-las? Não tem receio de que elas coloquem tudo a perder? Emiliana tem muito medo da sua tia Leonor, pode ser que dê com a língua nos dentes.

– Depende. Penso que ela só contaria se pressionada. Logo, enquanto o Coronel não retornar estaremos seguros. E não pretendo dizer onde estou – considerou a moça.

– Continuo achando perigoso. Posso me prejudicar antes do tempo!

– Fala como se o tempo fosse importante para a sua proteção. O que muda saberem agora ou depois? Seria melhor que nunca soubessem. O que é improvável, aliás.

Ele sentiu-se acuado com os argumentos dela.

— Prefiro que saibam depois, só isso. — disse isso e se levantou. — Esqueça desse reencontro por enquanto, está bem? Agora, me dê um beijo de despedida.

Ela contorceu-se. O modo como ele agia, tentando ditar as regras, a incomodava. Fez um esforço para se tranquilizar. Deu-lhe um beijo superficial.

— *Muchacha*! Nem parece a mulher fogosa de ontem à noite!

— Não quero que fale assim! — Olhou para ele, enfurecida.

— Assim como? Você é minha mulher, agora! Deveria estar bem satisfeita. Muitas desejariam estar no seu lugar!

— Ótimo! Pois que assim seja. Aproveite a boa sorte com as mulheres.

O capataz agarrou-a pelos braços.

— O que está querendo dizer, Leandra?

— Digo que já cumpri a minha parte do acordo que você inventou para nós! Já paguei por minha liberdade.

— Você está me dispensando?

— Se quiser entender assim. Eu preferiria restabelecer as coisas. Para mim, você sempre foi um amigo, um irmão.

Ele a apertou ainda mais contra si, e disse, olhando-a profundamente:

— Eu nunca serei um irmão para você! Eu provei os seus beijos, o seu corpo. Eu te desejo, não entende? Se me dispensar agora, não terá mais nada de mim! Como pretende viver?

Acaso deu-se conta de onde está? Quer ser uma rameira? – disse isso gargalhando.

Aquela gargalhada soou como um tapa no rosto, seus olhos ardiam como duas labaredas, e as suas palavras saíam com o mesmo ardor.

– Não quero ser a "sua" rameira, Gomez!

Ele a soltou com aspereza.

– Vai se arrepender disso, Leandra! Um dia me pedirá que reconsidere! – Virou-se, foi em direção à porta, vacilou diante do silêncio dela, e com o orgulho em chagas, saiu em retirada.

CAPÍTULO 24

A Giralda

AOS DOMINGOS, celebravam-se as missas na catedral de Sevilha, monumento inicialmente construído na época da invasão moura e concluído pelos sevilhanos, que afirmam ser a terceira maior edificação cristã em tamanho.[16] Nas capelas,[17] poderosos sevilhanos descarregaram praticamente todo o seu esforço de mecenato.[18] Concentrando patrimônios artísticos[19] numa área relativamente pequena.

A Giralda foi concebida como minarete na mesquita moura, essa que mais tarde se transformaria na catedral cristã. Torre imponente da qual se avista Sevilha em com-

---

16. Possui 26 capelas internas, 17 altares e 13 portas.
17. A capela-mor, dos séculos 15 e 16, é um conjunto de 1.200 esculturas justapostas com 30 metros de altura e 12 metros de largura. Uma profusão incrível de arte sacra barroca para a qual foram necessárias duas toneladas de ouro.
18. Os mecenas mais ricos encomendavam cenas bíblicas a pintores como Goya e Murillo.
19. Muitas das doações vieram do México e do Peru, que consideravam o bispo de Sevilha o chefe espiritual dos católicos da América.

pleta circunferência. As quatro paredes externas refletem um dos tabus da cultura muçulmana, que consiste em não fazer representações de seres humanos. Existe, desse modo, a profusão de uma espécie de bordado em pedra, que dá ao monumento uma riqueza de detalhes só encontrada em locais mais prósperos no mundo árabe. Para se alcançar o topo da Giralda, é necessário atravessar, a princípio, o Pátio das Laranjeiras e vencer 35 rampas internas, garantindo, no cume, a vista das ruelas da parte histórica da cidade, como se fosse um túnel do tempo, em vertical.

Era lá que Emiliana gostava de consumir seu domingo de folga. Assim confessou a Leandra, em tempos idos. Fazia um passeio pelas praças do centro, circulava pelos corredores da catedral, fazia suas orações silenciosas, admirava o semblante dos santos e apóstolos esculpidos e pintados. E quando recobrava forças, subia as rampas da Giralda. Ali, ficava contemplando as *calles* de Sevilha, relembrando seus tempos de juventude até o sol se pôr no horizonte.

Leandra começou a percorrer o caminho de Emiliana, na esperança de reencontrá-la, não poderia contar com Gomez para tal intento. Nem se sentia encorajada a ir à fazenda e deparar-se com seus tios. Descobriu nisso um prazer novo, ficava ali, observando a forma com que cada crente se entregava à oração. Alguns balbuciavam, outros se benziam, outros beijavam o crucifixo, mas todos pareciam buscar a mesma coisa. A paz de espírito. Pesquisou na memória as vezes em que verdadeiramente sentiu paz. Percebeu que a paz vinha visitá-la na leitura, nas lembranças de seu pai, nos carinhos de Marieta, sua primeira ama, na palavra amiga de Emiliana, nos passeios com Nina, na contemplação da natureza. E lhe fugia logo após, com os revezes da vida no embate das escolhas difíceis, ou na falta de escolhas. Como alcançar uma paz mais duradoura? Seu novo lar era agitado de dia e embriagador à noite. As pessoas da Casa das Acácias estavam sempre sonolentas ou eufóricas. A paz estaria no meio, entre a sonolência e a euforia? Já se passaram semanas, sem encontrar Emiliana. "Certamente mudara de hábitos", pensou.

Fechou os olhos, sentiu a ardência nas conjuntivas, entregou-se a uma oração, mas não conseguia silenciar a mente. Pensou em desistir, e não o fez. "Pai, Criador de todos nós, ajuda-me a reencontrar minha ama, não me deixe desistir." Ficou um pouco assim, aguardando a realização de um forte desejo. Abriu os olhos, as pessoas que assistiram à missa já estavam saindo. Olhou ao redor e nada viu. Olhou para a face iluminada de Santa Justa, ela parecia lhe dizer algo que não pode decifrar. Buscou a porta do Pátio das Laranjeiras, que estava enriquecido com o aroma das flores alvas e delicadas. Subiu à Giralda com ânimo, queria ver as coisas de cima. Estava a perder o fôlego, quando uma brisa suave do Guadalquivir lhe engajou a vista. O vento ficou lá, lhe falando aos ouvidos. Adorava a sensação do sopro de ar nas orelhas, abstraía-se e arrepiavase. Alguém encostou suavemente o cotovelo no seu. Não se distraiu da vista por isso. Alguns segundos depois, olhou de relance e não acreditou.

— Emiliana?!

— Leandra?! Não pode ser!

Abraçaram-se em festa.

— Como conseguiu sair do Convento?

A moça deu um sorriso maroto.

— Fugida, Emiliana! De que outro jeito?

— Meu Deus! O seu tio vai saber!

— Saberá. Quando voltar de viagem!

— Que viagem? – indagou a ama, surpresa.

— Ele não está viajando?

— Não! Por que acha que ele... – A ama parou apreensiva. – Você fugiu com o Gomez?

— De certo modo. Ele me ajudou a fugir. Por que a cisma, Emiliana? O que está acontecendo?

A serva começou a contar os fatos em disparada.

— O seu tio descobriu que Gomez estava fazendo uns negócios escusos com os ciganos. E com outros donos de terras. Ele vendia os cavalos sem prestar contas. Juntou um bom dinheiro com isso. A sua tia, sabendo do ocorrido, disse que o mandasse embora, sem nem um cêntimo. O mais estranho de tudo é que o Coronel, sempre firme com os empregados, ainda não definiu a situação de Gomez, parece que quer ganhar tempo.

A jovem ficou com os olhos fixos na parede da torre. "O tempo também parecia importante para Gomez."

— Mas Gomez continua a trabalhar na fazenda?

— Está morando lá, mas não está mais à frente dos negócios! Como se estivesse esperando algo acontecer. É muito estranho! E tem mais uma coisa. Eu ouvi seu tio dizer, há uns meses, para a sua tia, que estava disposto a buscá-la no convento!

A jovem alargou os olhos para Emiliana.

– Ele disse isso? E o que ela disse?

– Ficou esbravejando. Disse que tudo ia bem sem você por perto! Então, ele disse que lhe reservaria uma casa próxima à sede para que você morasse, de modo a evitar o confronto entre ambas.

– E o que mais? Conte-me tudo!

– Ela não gostou, não! Mas estava se convencendo! Desde que você se casasse e se tornasse uma mulher direita!

– Emiliana, preste atenção no que vou lhe perguntar. O Gomez sabia das intenções do meu tio?

– Não sei. Mas creio que sim. Isso tudo foi antes de ele descobrir o desfalque de Gomez. E o Coronel sempre confiou seus propósitos a ele!

Vendo a palidez da jovem, Emiliana sugeriu que se sentassem, e disse:

– Agora, é você quem me diz o que está acontecendo!

– Sinto que faço parte de um plano de Gomez. Ele mentiu para mim. Disse que meu tio estava em viagem. Disse que me ajudaria a fugir do convento, e me manteria por um tempo. Mas me impôs uma condição.

– Qual condição?

Ela olhou para a confidente, e abaixou os olhos ao dizer:

– Se eu me entregasse a ele!

– Como assim! Você cedeu a isso?!

— Cedi, Emiliana! Eu não sabia de toda a verdade! Acreditava estar esquecida naquele convento! Meu tio nunca me visitou. E a ideia de voltar ao convento me apavorava.
— E a ideia de se deitar com Gomez não a apavorava? Ele lhe tirou a possibilidade de um bom casamento, Leandra! E a chance de recomeçar sua vida na casa que seu tio lhe daria.
— Meu tio... Se souber da verdade, me repudiará! E a minha tia confirmará suas cismas ao meu respeito.
— Eu a alertei sobre Gomez. Desde a época da fazenda, ele a olhava com desejo, menina! E se ele fez tudo de caso pensado, ele é pior do que eu imaginava.
— Mas por quê? Tem algo, além disso tudo, que eu preciso descobrir...

A ama a olhava com comiseração.
— Onde você está morando?
— Emiliana, eu não posso lhe dizer isso. Temo que você seja pressionada, um dia, a dizer onde estou. Eu preciso saber o que está acontecendo, antes. Confia em mim?
— Claro que sim! Mas não quero perder o contato com você, minha querida!
— Nos veremos aqui novamente. Quando terá folga?
— Daqui a dois domingos.
— Muito tempo, não acha? Não há outro meio?
— Sim, meu filho Gabriel vai ao mercado quase todo o dia, pela manhã, poderá me mandar recado por ele. O meu menino é discreto, pode confiar nele.
— Está bem. Se for preciso eu usarei esse recurso.

Desceram, abraçadas, as rampas da Giralda. Conversaram sobre o relevante, inclusive sobre Nina e o seu namoro com João Granero. Tentaram não arrefecer seus corações, apesar das considerações primeiras. Despediram-se, ainda com os últimos raios-do-sol.

CAPÍTULO 25

O espetáculo

A NOITINHA se fez de rogada, com uma lua estupenda embotada no mais denso amarelo. Ambas anunciavam o frio que invadiria o cotidiano dos sevilhanos. Os burburinhos começavam no térreo do casarão, que ofereceria um espetáculo diferenciado para a noite. O anúncio dizia em letras garrafais: HOJE DANÇA GITANA COM CASTANHOLAS. Na compra dos ingressos, a primeira rodada do melhor *xerez* estava inclusa no bilhete. Dona Acácia estava empolgadíssima com a multidão de pessoas e providenciou um jantar especial, à parte, que serviria aos espectadores.

Entrou no camarim, onde todas as dançarinas reuniam-se nos mais belos trajes. E exultou-se:

– Que beleza! Nunca vi tanto capricho...

Ouviu em coro:

– Ah! Não era para a senhora nos ver antes da apresentação!

— E acaso eu aguentaria de tanta curiosidade? Onde está Leandra?

— Essa você não vai ver antes mesmo! — Falou Lucélia, esfuziante, empurrando Dona Acácia jocosamente. — Ela está se aprontando lá em cima. Não deixou nem a gente ver a indumentária.

— Nossa! Quanto suspense! — indignou-se Dona Acácia.

— Pode apostar que será inesquecível. Ela cuidou de todos os detalhes. Da música à coreografia — completou Joana.

— *Así sea*! A casa está cheia. A expectativa é imensa lá embaixo — disse a *cabaretera*. Alguém vá apressá-la, então. Falta apenas meia hora!

— Pode deixar, eu a chamo! — avisou Izadora. — Dona Acácia, a propósito... Gomez não virá?

— Espero que não! Amanhã cedo ele terá o treinamento especial dos cavalos, no haras, por isso fiz questão de marcar para hoje a apresentação. Quero evitar novos problemas. — Agora, vá lá chamá-la!

— Que coisa mal resolvida esses dois, não é? — especulou Lucélia.

— É. Ele a trouxe aqui. Disse que a manteria. Depois parou de dar a paga do mês. E quer proibi-la de se apresentar — acrescentou Dona Acácia. Mas eu vivo do meu negócio! Não posso sustentar essa situação.

Lucélia arrematou:

— E Leandra é linda! Vai ser difícil mantê-la longe dos clientes. Ele sabe disso!

— Deus me livre! Ele finge que está indiferente a ela. Até deita-se com vocês para tentar atingi-la! Mas eu conheço esse menino! Ele é capaz de uma loucura se alguém se meter com ela!

— Nossa, Dona Acácia! Do jeito que fala...

— Vamos manter Leandra nos palcos e longe das camas! Eu sei o que estou dizendo. Se ela fizer um bom trabalho compensará sua estada aqui!

Izadora voltou entusiasmada.

— Gente, vocês vão ver a roupa da Leandra! Ela está fabulosa!

Na hora aprazada do espetáculo, diminuíram-se as luzes, que foram colocadas estrategicamente na ribalta. O ritmo do *pasodoble*, retumbante, fez a abertura, conjugado à percepção de cada dançarina que desfilava graciosamente pelas laterais do palco.

Nesse ínterim, Gomez entrou no saguão da Casa das Acácias e, boquiaberto, foi tomando assento. As maracas retiniam, causando um furor, e cada bailarina expunha em sincronia o perfil das pernas, revestidas por uma renda fina, cujo acabamento era feito por uma liga que se prendia ao espartilho. As plumas multicoloridas serviam de casacas. Os cabelos presos estavam sutilmente tingidos de púrpura. A maquiagem ressaltava as maçãs do rosto, salientando os lábios, ainda mais carnudos e cuidadosamente redesenhados ao arremate do *carmín*. Olhos vivazes pintados e cílios encurvados pelo *rizador*. Passada a abertura, as 12 dançarinas gritaram em coro:

– Olé!

A guitarra *gitana* deu entrada, fazendo um colchão sonoro, que amortecia o trepidar alegre das castanholas, essas vinham conduzidas pela décima terceira bailarina, que se regalava na penumbra central do palco, atrás de uma cortina acetinada translúcida, que lhe estampava a moldura do corpo. A aparição indefinida causou maior curiosidade à plateia que se deixava conduzir. O instrumento dedilhado surgiu à luz, conduzido por belas mãos femininas que o golpeavam com paixão. Leandra foi abaixando os braços antes içados, em movimentos semicirculares, trazendo pelas mãos os olhos vidrados dos assentes. Quando todos pousaram os olhos em seu semblante iluminado, a admiração extravasou-se em suspiros esparsos. Ela estava soberba. Os cabelos cuidadosamente anelados em parte pinçados por um delicado pente. As madeixas cobertas de púrpura caiam no colo saliente. Da cintura delgada, aderente tecido lhe sobressaia às formas perfeitas, e nas costas, o decote lhe revelava a formosura da pele. As *castañuelas* assemelhavam-se a leais escudeiros, avançando em belos prados, rompendo a incursão dos olhos expectantes. Os passos no assoalho quebravam a cadência das cordas, sem, contudo, ferir a sintonia. Todos pungidos pela atmosfera alegre, lançavam-se em palmas e gritos de Olé. Ela rodopiava, açoitando a madeira e acariciando o ar com suas linhas harmoniosas. Seus cabelos, seu corpo, sua ginga, seu sorriso formavam a composição majestosa de um quadro inesquecível. A alegria tomou conta do salão. Inebriados, os clientes de Dona Acácia clamaram por mais ao findar da peça. Mesmo assim, as cortinas se fecharam, como faz a aurora no findar da noite, escondendo o brilho das estrelas.

Aproveitando-se do encantamento da plateia, a empresária da diversão pediu a palavra:

— Se gostaram, voltem no próximo espetáculo! Agora, divirtam-se, bebam e se deleitem, porque a noite não terminou!

Gomez golpeou a mesa, tilintando os copos. A ira invadia-lhe a mente, envenenada de ciúmes e aguda contrariedade. Foi ao encalço de Dona Acácia, chamando-a ao reservado.

— O que é isso, Dona Acácia?!

Ela assustou-se ao vê-lo.

— O que está fazendo aqui, Gomez? Você nunca vem na véspera do treinamento especial.

— Por isso resolveu trair-me desse modo?

— Trair você, Gomez? Ela tem talento. E está vivendo aqui de favores. É justo que pague com o trabalho!

— Eu digo o que é justo ou não! Você não entende disso! Não soube me dar o justo. Agora, estou aqui nessa situação!

Lucélia, ao ver Dona Acácia ser arrastada para dentro do quarto, aproximou-se da porta, para estar por perto, caso precisasse intervir. E espreitava, ouvindo a conversa por precaução.

— Vai me jogar na cara a sua infelicidade? Criei-o como toda mãe deve fazer!

— Neste pardieiro?! Eu sou filho da meretriz! E meu pai nem sabia de mim! Preciso trabalhar como um escravo para aquele avarento.

— Chega, Gomez! Não desconte em mim as suas escolhas! Nunca lhe faltou nada!

Ele estava embriagado. Fungava enquanto arcava o corpo. A mãe aproveitando-se de sua aparente fragilidade, tentava auxiliá-lo. Aquilo era dor de amor.

— O que se passa entre vocês? Você a ama?

— Ela me rejeita. Eu nunca fui rejeitado por uma mulher. — A cólera que sentia começava a transbordar em grossas lágrimas pelos seus olhos, o que o irritava ainda mais. — Quero arrancar isso dentro de mim, mãe! Às vezes, não me reconheço. Penso em fazer bobagens só para tê-la em meus braços de novo!

Ele a chamara de mãe, como há muito não fazia. Ela envolveu a cabeça dele em seu colo, afagando-lhe os cabelos desgrenhados.

— Meu filho! Como lamento por ti! Erga-se, José! Afaste-se dela por um tempo. Até que se sinta forte o bastante.

Enquanto presenciava o sofrimento do filho, veio-lhe a vaga consciência do quanto a sedução é caminho árduo. Muitas vezes iludiu ou deixou-se iludir pelas promessas ocas do sexo desenfreado. O próprio filho, que renegava o lar que tivera, ali fez escola, e agora se sentia entranhado nas garras da paixão, como quem troca o cálice de veneno e torna-se vítima de si mesmo.

— Eu o ajudarei com Leandra! Mas quero que prometa... Não se oporá às suas aparições no palco! Aliás, você não pode demonstrar esse ciúme ou colocará tudo a perder!

Ele olhou para aquele rosto que trazia as marcas indeléveis das amarguras vividas. Naquele instante, sentiu nela a proteção. Dona Acácia abraçara-lhe a causa, e isso o tranquilizava.

— Preciso saber mais sobre essa menina. Conte-me tudo a seu respeito, suas dores, seus sonhos...

Ele discorreu sobre as coisas que sabia, ocultando-lhe, por razões íntimas, o fato de ser ela a sobrinha do Coronel Rodriguez e de Dona Leonor. Após a explanação, que fez tal qual um paciente faz ao médico, ladeando a doença pelos sintomas, olhou para ela, aguardando o diagnóstico.

— José, se ela aceitou fugir com você daquele convento, mesmo lhe custando a virgindade, e o repudia agora... Acredite, ela traz dentro de si uma alma cigana. Busca a liberdade, que para ela está acima das convenções sociais. — Sentou-se ao lado do rapaz e dando-lhe suaves palmadinhas nas pernas, concluiu — Essa você não agarra... Só o amor a comoverá! Só o amor!

— Mas eu já lhe falei do meu amor! Ela me quer como a um irmão.

— Então seja o irmão dela! Ganhará espaço com isso. Não a deixe suspeitar de sua paixão. Diga que está mudado. Leandra se apaixonará quando sentir que faz uma livre escolha. E se entregará totalmente àquele que aceitar a sua liberdade. Talvez se lhe contar algumas verdades... Ela confiará mais em você.

— Não sei se conseguirei...

A senhora fez uma pausa, e buscou mais elementos para apoiar a sua tese.

— Filho, você viu a apresentação dela hoje? Ela sabe que é bela! Não a deixe saber o quanto a deseja. Talvez desperte nela a curiosidade, pelo efeito que ainda lhe causem os seus atributos de mulher. Aí você tem de ser firme. Até a curiosidade dela se transformar em desejo.

Gomez levantou-se impetuoso.

— Então vou falar com ela!

— Agora, não! Ela não estará pronta. Está exultante com o sucesso da peça. Para se trocar a mobília temos que arrastar alguns móveis primeiro. Amanhã à noite você volta. Tire essa bebedeira da cabeça! Assim fortalecerá os seus propósitos.

Olhou para a mãe e pensou no quanto o incomodava sentir-se dependente dela emocionalmente. Mas em alguns aspectos da vida, respeitava-a. Sabia que ela era uma mulher madura em razão dos revezes da existência.

— Está bem, Dona Acácia. Volto amanhã!

Ela arriscou abraçá-lo. Ele acercou-se dela sem saber o que fazer com o seu afeto. Deu-lhe um beijo na testa e saiu.

CAPÍTULO 26

O acerto

NO HARAS Santa Maria, os negócios se aqueciam cada vez mais, em virtude da eminente reinauguração da *Plaza* fechada da Real Maestranza. O Coronel Rodriguez, engajado na organização do evento, beneficiava-se tanto com os treinos dos cavalos quanto ao administrar as equipes que viriam de várias províncias vizinhas.

Ele trotava no corcel prateado, e vinha sozinho. Gomez o avistou da pequena varanda de sua casa. Puxou as rédeas, içou dos arreios e mirava-o enquanto descia. Apeou *El Trueno* e veio balançando o chapéu.

– *Buenas*, Coronel!

– Buenas! Como combinado, no tempo certo vim resolver nossa situação.

Gomez limitava-se a cravar os olhos no patrão, enquanto ele ficava sem saber onde colocar o seu chapéu. Puxou a cadeira e sentou-se, fazendo sinal para o capataz sentar-se.

– Você não sabe os problemas que está me causando com Leonor! Ela está me cobrando uma posição. – Ele meneava a cabeça, descorçoado. – E você agora com essa novidade.

– Novidade? Acaso não soube quando ela engravidou?

– Soube. Mas ela nunca me procurou. E você sabe que ela não era uma donzela. Como saberia que o filho era meu?

– Ela o respeitava! – Sentiu um nó sufocar-lhe a garganta, e para não se aprofundar na sensação, enrijeceu a fala. – Agora isso não interessa, quero saber da minha resposta.

– Se não tivesse metido os pés pelas mãos, eu poderia ajudá-la melhor. Agora que Leonor sabe das suas tramoias, se eu aceitar sua permanência aqui terei de justificar a ela. O que eu não quero fazer!

– É o que eu esperava do senhor! Não me assumiria como filho! Então irá me despedir?

– Veja bem! Já amontoaste algum dinheiro tomando o que é meu, não foi?

Gomez depositou seus olhos incisivos sobre os dele, que titubearam.

– Você também me roubou, Coronel! O direito de ter um pai, estudo, posses. Renegou-me por vergonha de minha mãe. Pois saiba que ela é muito mais digna do que você, que se esconde atrás da sua mulher!

– Basta, rapaz! Não me faça desistir de ajudá-lo! Escute primeiro. Depois faça o que achar melhor!

O capataz suportou o seco da boca. Meteu um sorriso irônico nos lábios e ficou aguardando a fala do Coronel, na defensiva.

– Já acertei tudo para você! Consegui uma posição de treinador de toureiros pela Real Maestranza. Você é um excelente *rejoneador*, terá um salário melhor do que ganha hoje aqui.

– O que não é nada difícil conseguir – interrompeu o capataz, com agudez.

– Que seja! Se você cumprir a sua função, sem me decepcionar, me comprometo a dar-lhe uma casa para que viva com dignidade. Não precisará voltar para aquela espelunca em que vive a sua mãe, e quem sabe não a convence a deixar aquela vida. Agora, preste atenção! Se Leonor vier a saber de algo, eu não o ajudo mais. Aliás, garanto-lhe que não arrumará nenhum trabalho nesta cidade! Fui claro?

– Muito claro, Coronel! – ele cerrou os dentes ao dizer isso. – A propósito... Vá nos visitar na espelunca. Minha mãe contratou excelentes dançarinas. Quem sabe não se interessa por alguma...

– Ora, rapaz! Chega de zombaria. Sou um homem casado!

– Quase todos os clientes de minha mãe são casados. O segredo absoluto é a especialidade da casa. E um pouco de dança alegra-nos a alma.

O Coronel ficou olhando para Gomez sem entender a troça.

– Quem sabe um dia eu apareço por lá! É claro, se a sua mãe permitir.

– A Casa das Acácias recebe o povo sem distinção. Por que não receberá um coronel?

Ele deu de ombros.

– Gomez, você começa na semana que vem no novo emprego. Várias caravanas da redondeza chegarão à cidade, e tanto os treinos como a seleção das melhores equipes começarão em alguns meses antes da reinauguração. *Hasta más!*
– Pode deixar, Coronel! Eu não vou decepcioná-lo. – Ficou olhando ele desatar o cabresto, montar no cavalo e sair em disparada e concluiu a frase mentalmente, "A vida talvez se encarregue disso".

CAPÍTULO 27

A proposta

AS MENINAS da Casa das Acácias estavam em torno da mesa do café. Falavam das frivolidades do dia anterior e, especialmente, da comoção da plateia após a apresentação da dança.

— Vocês viram como gritavam pedindo mais? — disse Lucélia, alegremente. — Nunca vi isso acontecer aqui. Parabéns Leandra, você superou as expectativas.

— Imagine! Brilhamos juntas, não foi? O que importa é alegrar a clientela — concluiu ela.

— E encher os bolsos de Dona Acácia — sussurrou Izadora.

Nesse momento, Dona Acácia surgiu sobre a soleira.

— *Buenos dias, muchachas!* Já fizeram o *desayuno?* Vamos apressar os preparativos para a noite — Vendo a movimentação do pequeno grupo, que arrastava as cadeiras, chamou Leandra. — Gostaria de conversar com você em particular.

As duas foram para a saleta que servia à *Cabaretera* de escritório.

– Sente-se, Leandra! – Pousou seus olhos sobre a moça de um jeito novo, o que a fez cismar. – Estou muito contente com o seu trabalho de ontem à noite. Conversei ontem com Gomez, que assistiu a apresentação. Ele me pediu que lhe propusesse um negócio.

– Ele pediu?! – estranhou.

– Sim! Gomez desabafou comigo. Disse-me que estava muito arrependido da maneira como a tem tratado. Queria conversar ontem mesmo com você sobre isso. Mas precisava ir para a fazenda cedo, por causa do treino especial. Então me anunciou que quer retomar a paga do mês de onde parou, de modo que você possa receber pelo seu trabalho.

– Sério?! – Deixou escapulir a empolgação, e logo tentou se conter. – Como seria isso?

– Bem, como eu ia dizendo, ele me disse que você já sofreu bastante na vida. E que tem um sonho de um dia ter uma casinha sua. Viver livremente do seu trabalho. Então, quero lhe propor uma sociedade no espetáculo! Dez por cento dos ingressos vendidos para o show. Afinal, tenho que tirar da venda as despesas...

– Dona Acácia, não sei o quanto Gomez lhe disse! Mas concordo que ele pague até seis meses! Porque sei que ele tem o dinheiro reservado que lhe deram. Depois, assumo eu, com a participação que a senhora está me oferecendo. Pode ser?

– Claro que sim! Veremos como tudo corre. Podemos proporcionar mais espetáculos durante a semana, aumentando a renda. Divulgar na cidade com cartazes. Você sabe fazer cartazes?

— Nunca fiz, mas posso aprender! – ponderou Leandra.

— A cidade está prestes a receber grande movimentação de caravanas, em virtude das touradas. Temos de aproveitar o momento!

— Com certeza o faremos! – A moça sorria largamente, levantou-se e abraçou Dona Acácia, dizendo. – Agradeço a oportunidade que está me oferecendo. Farei jus à participação.

A senhora correspondeu com o abraço, e aproveitou-se.
— Agradeça a Gomez. A ideia foi toda dele!

— Agradecerei. Ele vem hoje?

— Durante a noite, virá.

— Ótimo! Agora, se me permite, vou aprender a fazer cartazes! – falou, entusiasmada.

Os rapazes estendiam as toalhas bordôs, disfarçando as mesas toscas e lascadas. A limpeza do salão e do palco era feita com esmero. Leandra absorvia-se nos preparativos, agora tinha uma nova motivação. Enquanto elaborava frases chamativas para o espetáculo do próximo final de semana, seu pensamento percorria um vale iluminado de esperanças, porém alguns pontos obscuros se formavam como sombras de espessas nuvens. Lembrou-se da conversa com Emiliana, na Giralda, e conjecturou. "Gomez não devia saber das intenções de meu tio. Afinal, se soubesse, tudo o que se passou seria uma farsa. Mas por que mentiu sobre a viagem do Coronel? E por que voltou atrás, me ajudando agora com as despesas? E, se nunca quis que eu me apresentasse, por que me incentiva?" A mente divagava e resolveu colocar tudo a limpo quando fosse agradecer-lhe.

Mais tarde, as meninas se preparavam para atender os clientes da noite. Hoje, só haveria a música para a dança de salão. O cheiro de lavanda misturava-se à névoa de alcatrão. Alguns se distraíam com o carteado. O álcool embalava as conversações, que iam perdendo em conteúdo dando espaço ao vazio das galhofas, fazendo crescer as, até então predispostas, conquistas sensuais.

Naquele palco de exibições onde as cartas de maior valor eram marcadas com as estampas da vaidade e da cobiça, as boas venturas ficavam esquecidas como os chapéus no vestíbulo. O álibi daquelas almas enfastiadas era a distração, musa inspiradora de todos os vícios materiais. A distração, como o próprio nome diz, significa perder a atenção em alguma coisa ou coisas, significa não atrair-se a um centro, desconcentrar-se, tornar-se descomprometido. Assim, viviam num mundo paralelo e, no mais das vezes, proibido.

A Casa das Acácias ganhava cada vez mais essa conotação. Desse modo, encarnados e desencarnados compartilhavam uma atmosfera de satisfação do vazio, com os subterfúgios das substâncias tóxicas, cujo efeito se dispersava em horas, deixando uma insatisfação ainda maior, estimulando a compulsão para as mesmas práticas, na vã tentativa de obter, pelo excesso, a paz de espírito, sem se dar conta, ainda, de ser esse o alvo da busca improdutiva.

Leandra desceu ao saguão, vestia-se de um vermelho escuro, graciosamente delineado com pregas sutis nos bojos que se abriam, dando lugar a uma mimosa rosa negra. Conforme passava entre os vãos de ombros, os olhares embriagados se arregalavam, e a ela se aderiam num gesto automático. Pescoços e sorrisos a perseguiam. Ela sentia-se tocada por mãos imaginárias, que a apalpavam persistentes. Em princípio sentiu certo desconforto, e aos poucos o ego foi se corrompendo, atribuindo a si um valor demasiadamente ilusório.

Latefaah aproveitava a oportunidade e seguia no encalço da companheira do pretérito, sempre na expectativa de adivinhar-lhe as fragilidades e satisfazer-se com as suas desventuras. Deus, em sua suprema inteligência, age com os dedos generosos da providência, deixando que o ódio prossiga soberbo e crente de sua regência, desbravando os caminhos sinuosos da vingança. E por ser imensa a dor que o envolve, nem se dá conta de perder aos poucos as vestes imundas e mostrar-se tal qual sempre foi, um jovem amor ferido, agora propenso a regenerar-se.

Encontrou as meninas de sua mais íntima convivência engalfinhadas em alguns pescoços desconhecidos.

– Leandra, beba conosco! – disse Izabela.

– Não tenho o hábito, acho que não me cairia bem!

– Imagine! Um pouquinho não lhe fará mal. Sabe a sensação da música? O vinho nos dá também.

Leandra ficou curiosa e resolveu aceitar uma taça. Aos poucos, foi sentindo um relaxamento incomum, a concentração foi se tornando fugidia. Sentiu vontade de rir de si mesma.

– Que estranho! Parece que as coisas ficaram mais distantes e embaralhadas.

Todos da pequena roda que a envolvia caíram na risada. Lateefah aproximou-se de Leandra para dividir-lhe a sensação. Percebeu um espaço de atuação em seu perispírito. De repente, Leandra viu-se num estado dúbio entre o medo e a agitação. Lateefah começou a falar-lhe mentalmente. *"Veja quantos homens belos neste salão. Nós duas poderíamos nos divertir um pouco, não acha?"* Leandra riu da ideia e cochichou ao ouvido de Izabela:

— Essa sua bebida me causa vontades. Acho melhor parar de bebê-la.

Izabela, meio a um risinho, malicioso revelou:

— Como acha que eu consigo trabalhar com tanta alegria? Solte-se, Leandra, você é muito certinha. E para que? Você não precisa fazer por obrigação. Então faça por prazer!

A jovem deixou a taça vazia no balcão e percebeu dois braços fortes envolverem-lhe a cintura. Assustou-se com a intimidade e virou-se.

— Gomez! Não o vi chegando.

Ele a beijou no rosto. Sentiu o aroma do vinho envolvendo-a.

— Dona Acácia disse que quer falar-me?

— Sim, quero! Mas sinto-me um pouco zonza...

— Vamos para cima, eu a ajudo!

Izabela riu da situação, e sussurrou.

— Aproveite amiga!

Leandra fez que não com um gesto de cabeça. E saiu puxada pelo rapaz. Subiram as escadas entre gargalhadas, pela falta de destreza da moça.

Entraram na privacidade do quarto dela. Ele a segurava num abraço e disse-lhe:

— Enfim, o que quer me dizer?

— Não me sinto muito bem! Poderíamos conversar depois? Não consigo articular as palavras.

— Então, digo eu, você só escuta, pode ser?

— Tudo bem — Ela firmava os olhos em seu semblante, tentando dar-lhe atenção.

— Eu estou arrependido de tudo o que lhe fiz. Não vou insistir com você. Quero deixá-la livre para o que quiser fazer. Não lhe cobrarei nada.

Lateefah, com suas sugestões mentais para o sexo, estimulava na companheira o centro genésico. Essa sensação envolveu a atmosfera psíquica de ambos. E ele continuou a dizer:

— Amo você, Leandra! Te amarei do jeito que você quiser. — Ele olhava para os seus lábios róseos, teve ímpeto de beijá-la, mas lembrou-se da advertência de sua mãe e fez um imenso esforço para resistir.

A moça percebeu-lhe a hesitação e cismou.

— O que foi, Gomez?

— Eu tive vontade de beijá-la, mas só farei se você quiser.

Houve um breve espaço de tempo em que ela considerou as prováveis consequências em dar azo aos seus desejos, mas a precisão não lhe auxiliava na análise, e lembrou-se da zombaria de Izabela. "Faça por prazer!". E, pela primeira vez, ela o beijou.

CAPÍTULO 28

O encontro

NAQUELA MANHÃ, Leandra saiu cedo. Foi ao mercado encontrar Gabriel. Vendo-o, surgiu em sua frente com um sorriso.

– Ainda lembra de mim?

– Leandra! Há quanto tempo! Você está muito bem!

– Você também está mudado, mais maduro. – Deixou o olhar cair, enquanto suspirava. – Sinto tantas saudades da fazenda, do pessoal todo. Especialmente da convivência com a sua mãe e com Nina.

– Imagino! Você cresceu lá. Eu mesmo não me vejo vivendo fora da fazenda. – Percebendo-lhe a lamentação, continuou – Minha mãe me disse por alto, da sua situação.

Ela deu um sorriso pálido.

– Gabriel, gostaria que desse um recado à Emiliana. Pode ser? – Percebendo-o interessado, deu curso. – Peça para ela vir com você ao mercado amanhã. Preciso muito conversar com ela.

— Tudo bem, eu digo sim! Tenho certeza que ela virá. Ela lhe tem muito apreço.

A jovem agradeceu, pediu sigilo, deu-lhe um abraço e despediu-se.

Aproveitando-se do fato de estar no mercado, a moça passou na banca de frutas. Deliciou-se com o perfume que exalava delas. Resolveu escolhê-las em porções, depositando-as no cesto oferecido pelo mercador, o que fazia compenetrada. Ao lado da tenda de frutas, uma roda de jovens peões fazia estardalhaço na escolha de chapéus. Era uma pequena caravana que participava das equipes que se apresentariam na nova *plaza* de touros.

Um deles estava totalmente abstraído das brincadeiras dos colegas. Observava a jovem com curiosidade e, para não chamar a atenção dos amigos, pediu licença, improvisando uma desculpa:

— Vou ver um chapéu na outra banca e já volto. – Aproximou-se da banca de frutas sob o pretexto de selecioná-las. Em princípio correu os olhos nas maçãs e foi alongando-os na direção de Leandra. Dando-se conta da sua distração, encorajou-se a apreciar-lhe os detalhes. "Que moça linda". Não soube definir o que mais havia nela, que o atraía tanto, além da beleza notável. Quis ficar ali para poder ouvir seu timbre de voz, seus modos. A jovem, percebendo a presença de um vulto próximo, olhou de relance. Ele, surpreendido, abriu um sorriso franco, exibindo os dentes alinhados e alvos. O que a fez repetir o olhar e sorrir também.

– *Buenos dias*! Posso saber o nome da dama?

Ela achou engraçados seus modos e respondeu:

– Meu nome é Leandra! E o seu?

– Rodrigo Munhoz! Muito prazer! – Ofereceu a mão.

Ela, que segurava o cesto num braço e no outro o *monedeiro*, entregou o cesto ao mercador, pedindo o preço, e retribuiu ao cumprimento. Rodrigo sentiu a sua mão com delicadeza, esquecendo de devolvê-la, e continuou a falar:

– Não sou da cidade. Viemos de Cadiz para as touradas.

Ela pediu a mão de volta com bom humor, e deu curso à conversa:

– Você é toureiro?

– Não exatamente. Sou bandarilheiro. Um toureiro auxiliar. Você gosta das touradas?

Leandra lembrou-se dos treinamentos da fazenda, e expressou a repulsa na face.

– Sinceramente, não! – E, vendo-o desapontado, remendou – Mas admiro a coreografia.

– Como assim?

– A mim parece uma dança. O problema é a crueldade com os touros. Fui criada na fazenda, em meio aos bichos. Tenho dó.

– Você mora na fazenda? – perguntou ele.

– Não, moro com uma tia – disfarçou.

– Fica perto daqui?

– Mais ou menos. – Ela estava contrariada em ter de omitir, mas não quis assustar o moço dizendo onde morava.

— Rodrigo, foi um prazer conhecê-lo. Mas agora tenho que ir. — Ela apanhou o pacote de frutas, fez reverência e ia se despedir.

Ele não queria perdê-la na multidão, e ofereceu-se para acompanhá-la.

— Poderia ajudá-la a levar os pacotes.

— Não precisa, realmente! — afirmou, preocupada em omitir-lhe a moradia.

— Estou sendo inconveniente, não é?

Ela parou de andar e, mirando-o, disse:

— Não é nada disso! Você é muito gentil e educado. É que eu não o conheço para caminharmos juntos.

— Então poderíamos resolver isso. Não conheço ninguém. O que acha de nos reencontrarmos? — acrescentou ele.

Leandra não soube identificar o motivo, mas além de ele ser bonito e gentil, algo mais a fazia querer o reencontro. Vendo-a refletir, Rodrigo resolveu ajudá-la na decisão.

— O que acha de andarmos a cavalo? Você disse que viveu na fazenda, deve gostar de cavalgar.

Lembrou-se que há muito tempo não cavalgava.

— Não sei se posso.

— Você é comprometida?

Lembrou-se de Gomez, e, por não saber a melhor resposta, intrigou-se.

— Por que acha isso?

— Porque você é muito linda! Se eu fosse dessa cidade e já a tivesse conhecido antes... — Fez uma pausa, deixando-a entrever a conclusão de sua ideia. – Creio que os sevilhanos devem pensar a mesma coisa.

Ela corou-se e sugeriu:

– Amanhã, voltarei ao mercado. Se acontecer de nos reencontrarmos, marcaremos a cavalgada.

O moço deu um pulo, demonstrando a empolgação.

– Ótimo! Então cavalgaremos. Esse mercado não é tão grande, e você salta aos olhos. Será fácil encontrá-la.

Ela ria como há muito não fazia.

– Você é diferente, Rodrigo!

– O sotaque? – opinou ele.

– Não, o jeito de falar! Você é espontâneo. Não fica pensando no que vai dizer, para impressionar. Parece que as palavras estão prontas na sua boca.

– Você também é diferente...

– O sotaque? – brincou ela.

– Ainda não sei o que é... Mas pretendo descobrir. Tem certeza que não quer companhia até a sua casa?

– Tenho, obrigada!

– Então vou contar os minutos até amanhã. – Fez uma reverência, pediu-lhe a mão, beijando-a.

– Até amanhã – despediu-se Leandra.

Um fato em comum intrigava-os. Não conseguiam arrancar o sorriso do rosto. Quando os sorrisos ameaçavam ceder, exaustos, a lembrança do encontro os fazia revigorar.

CAPÍTULO 29

A busca tardia

HÁ UM MODO certo de fazer cada coisa. Contudo, mesmo do modo errado se aproveita a vida para trazer o ensinamento. No percurso entre o certo e o errado há um portal, no cimo dele há uma inscrição: "Livre escolha, resultado certo". Um rabino veio nos mostrar o melhor caminho, deu-nos a chave para o melhor arbítrio de nossas escolhas. Assim como Saulo de Tarso, todos teremos, durante a vida, a oportunidade do caminho à Damasco. Ler um livro, uma viagem, a "perda" de um ente querido, a enfermidade, a súbita miséria material, a sarjeta, o abismo do vício, a privação da liberdade etc. são circunstâncias que nos inspiram a mudança de curso e podem, se quisermos, nos tirar da cegueira. Novamente veremos a inscrição, que nos trará, agora, um novo significado: "Boas escolhas, bons resultados".

O Coronel Rodriguez, após equacionar os seus problemas com o auxílio da razão, percebendo Leonor mais complacente em relação à sobrinha e tendo resolvido a situação do filho bastardo, que estava encaminhado em novo trabalho e longe do cerco da esposa, começou a fortalecer a sua vontade de buscar a sobrinha no convento. Ele enxergava na internação dela uma boa opção para sua formação religiosa, além de ser uma cômoda oportunidade de equilibrar as tensões vividas em sua casa. Algo agora o inquietava em relação ao bem-estar de Leandra. Também a velhice começava a rondar a sua casa mental, e temia viver em solidão, pois não cultivara maiores laços afetivos. Era só ele e Leonor. Em sua concepção, Deus resolvera não agraciá-los com um novo filho, que deveria nascer pelas vias legítimas, como os bons costumes e as tradições religiosas, que se empenhava em seguir, determinavam. Se o preconceito e a dureza de coração não guiassem as suas escolhas, a sobrinha Leandra, desamparada em tenra idade, poderia ser uma filha amorosa para Leonor, a conduzir-lhe agora, na velhice do corpo. Para Antonio, o filho rejeitado José Gomez poderia converter-se, sensibilizado pelo acolhimento paterno, em filho estimado e companheiro.

Programou-se para buscá-la no domingo próximo. Mandou pintar de branco as paredes rústicas de uma casinha no alto de uma colina, guarneceu-a de mobília e flores para os jardins. E ali intencionava proporcionar à jovem um reduto de boas venturas, colocaria Emiliana para atendê-la nas necessidades. A única condição, que partira da esposa, é que Leandra teria que levar uma vida digna, preparar-se para um bom casamento.

Chegado o dia, mandou preparar a diligência e partiu. Já em frente ao convento, encontrou a Irmã Clarisse aguando os arbustos da recepção.

— *Buenos dias*, Irmã Clarisse!

— Ora, Coronel, a que devo a honra dessa visita?

— Irmã, desculpe-me por não avisá-la com antecedência, mas vim buscar a minha sobrinha! Quero levá-la para casa.

A eclesiástica, que já não tinha muita firmeza nas mãos, deixou cair o regador, vertendo a água na barra de seu hábito. Atordoada, disse-lhe:

— Do que está falando, Coronel?!

— Dona Clarisse, como posso ser mais claro? Vim buscar Leandra para morar na fazenda conosco!

— Deve haver algum mal-entendido. Leandra já foi para a fazenda há meses.

— Como assim?! — duvidou, nesse instante, da sanidade da religiosa. — A senhora deve estar enganada! Não vejo Leandra desde o dia em que a deixei aqui sob os seus cuidados.

— Vamos entrar, Coronel, vou lhe mostrar o que estou dizendo.

Enquanto encaminhava-o ao balcão da recepção, pediu um minuto, entrou na saleta e, após algum tempo, saiu com um papel, que vinha tremulando em sua mão, como a prova de sua certeza.

— Veja a sua autorização para o seu capataz levá-la em visitação à fazenda. Estranhei o fato de não voltar. Mas me tranquilizei, por estar ela em seus cuidados. Não poderia contrariar a sua decisão.

O Coronel estava vermelho, um calor insuportável percorria-lhe os vasos sanguíneos fazendo-o suar. Lendo a carta e identificando a sua assinatura não resistiu, e esquecendo-se de estar na presença da representante da Santa Igreja, esbravejou:

– Filho da mãe! Enganou-nos. Eu pego aquele desgraçado.

Irmã Clarisse não sabia o que fazer com as mãos, diante daqueles impropérios acudia os rompantes do militar, como quem se vê diante de um pequeno incêndio. Depois de despejar sua ira no ar em forma de socos e palavrões, tentou conter-se em respeito ao lugar que estava.

– Perdoe-me, Irmã. Fomos vítimas de um embusteiro. Eu já o mandei embora da fazenda por outros motivos. Conta-me, quero saber os detalhes da sua partida. Preciso encontrá-la.

Ouviu, inquieto, as poucas informações de que dispunha a Irmã. Muniu-se delas e tomou a diligência em busca de Gomez. Suas conjecturas, como lâminas cortantes, rasgavam-lhe o raciocínio, que sempre o auxiliava em horas de necessidade. O torvelinho mental, nas voltas que dava, sempre enroscava na última frase da Irmã Clarisse. "Sinto muito Coronel, mas não poderia suspeitar que se tratasse de um rapto. Leandra parecia sair espontaneamente.".

Chegou à *Real Maestranza* e, na ala de treinamento, foi vencendo portas e colaboradores, todos estranharam sua intemperança, que não condizia com seus modos polidos.

– Onde está José Gomez?

– Ali, Coronel, na baia do Puro Sangue – apontou o ferreiro.

Entrou, e vendo-o sozinho com o animal, pegou-lhe pelos coletes.

– Cadê Leandra, seu embusteiro?

O cavalo se remexia no espaço apertado, comprimindo ainda mais os dois pelejadores.

Gomez estampava um sorriso irônico, ensaiado havia muito.

– Esqueça, Coronel. A sua protegida agora é uma vadia.

– Do que está falando? O que fez a ela?

– Eu não fiz nada. Ela me pediu que a ajudasse a fugir. Eu tive pena da coitada que foi abandonada naquele convento pelo senhor. Eu sei o que é ser abandonado. Então a levei para a casa de minha mãe – afirmou, saboreando cada palavra.

– Como pôde?! Ela é uma criança – bradou o Coronel.

– Não é mais. Agora ela é uma mulher. E que mulher! Dança exuberante para todos os homens. Deixa a todos em polvorosa. Criou-a muito bem! Aliás, o senhor trata dos seus como trata de seus cavalos. Dá nisso, acaba levando um coice.

– Seu cretino! Você está despedido! – expressou, entre dentes.

– Não tem importância. Não preciso de você. Se suportei a sua presença foi unicamente para vingar-me, por tudo o que fez a mim e a minha mãe – Gomez, com os olhos injetados no Coronel, externava o ódio represado nas regiões abismais de sua alma, como um vulcão em erupção, jorrava as ofensas, queimando tudo ao seu redor.

O Coronel, sentindo-se sufocar, buscou o ar fora da baia, mas não recuperava o fôlego. Estava vencido por aquele que se dizia seu filho. A culpa vinha lhe assolar e, repelindo-a, projetou sobre Leandra sua frustração. "Ela se prostituiu. Como pôde fugir com esse desgraçado? Ela era tão doce. Talvez Leonor tivesse razão. Meu Deus, é uma perdida agora!" Resolveu ponderar sua escolha. Não poderia ir ao encontro de Leandra, não saberia o que fazer com ela. Já era tarde do dia, quando se recuperou a ponto de voltar para a fazenda e disfarçar a comoção que o afligia, evitando, assim, despertar a desconfiança de Leonor.

CAPÍTULO 30

O amor

"Eu vim saudar-te, pois sei quem és. Se o meu saber não dissesse, meu coração se convenceria em cada momento junto de ti. Não é possível conter a luz que deseja alquebrar a escuridão, nem afrouxar estreitos laços tecidos ao longo das vidas. Se Deus me concedeu a oportunidade bendita de estar ao teu lado, quero então vencer a mim. Sou eu quem poderá desvanecer a vanguarda de tão terno amor. Oh não me deixe perder pelos dedos imaturos o saciável, não me deixe morrer sedento em tão farto campo... Que a desídia não me faça sucumbir; nem a ignomínia, esmorecer, para aquilo que sempre quis viver: o amor."

O MERCADO parecia imenso naquele dia. Arrastavam-se as mercadorias nos caixotes encimados em rolamentos. O falatório se dispersava fazendo fundo às pechinchas.

A dançarina da noite se desviava dos transeuntes, sua alma estava inquieta, por haver vislumbrado um horizonte novo, caminhava, levemente absorvida pelo desejo sincero de revê-lo. Rodrigo estava vivenciando a mesma experiência. Ambos compartilhavam o prazer do reencontro de duas almas queridas, que pode ocorrer como uma vaga lembrança, um impulso atrativo, se confundido com a simpatia, desenrolando-se morosamente às sombras do esquecimento, ou surgir como um clarão, fazendo-nos despertar as reminiscências, e, raras vezes, com tal precisão que sabemos o que já fomos um para ao outro.

Enquanto aguardava Emiliana vir com Gabriel, percorria os olhos pelo mercado, o que fazia do alto da pedra do jardim central. Mãe e filho buscavam o centro do mercado, avistando-a, e as amigas desfrutaram de um longo abraço. A moça foi logo dizendo:

— Preciso falar com você, Liana – disse, olhando de relance para Gabriel, demonstrando a intenção sigilosa.

— Gabriel, vá fazer suas compras e me encontre aqui na hora de ir embora, está bem? – sugeriu a mãe, despedindo-se do filho.

Estando as duas a sós, Leandra perguntou à viúva:

— Diga-me, Liana, soube de mais alguma coisa sobre Gomez?

— Sim, soube que ele foi dispensado da função de capataz. O Coronel ofereceu serviço para ele na *Real Maestranza*, como treinador. Mas ontem, enquanto servia o jantar, ouvi o Coronel conversar com Dona Leonor... – Emiliana, por força do hábito, percorreu o ambiente com os olhos para ver se alguém as observava e confidenciou à jovem. – Parece que nem lá está mais. A coisa está feia, Leandra! – Fez uma pausa, como quem pondera a revelação, dando mais ênfase à conversa. – O Coronel já sabe da sua fuga do convento. Ele estava irritadíssimo. Mas disse não saber o seu paradeiro. Por outro lado, a sua tia teve azo para todas as suas antigas suspeitas.

– Eu sabia! A reação dela não poderia ser outra! – interpelou a jovem, pedindo prosseguimento. – E o que mais, Liana?

– Bem, pelo que entendi não pretende buscá-la. Disse que se fugiu não a considera mais. E deve ser esquecida.

Leandra estava frustrada, ficou olhando sem ver, na direção do Guadalquivir, buscando na paisagem atenuar a sua dor.

– Então é isso? Ele desistiu de mim. Na verdade, nunca lutou por mim. Deve estar se sentindo aliviado do fardo que sempre representei em sua vida.

Duas lágrimas grossas ameaçavam cair de seus olhos que tentava conter com tenacidade.

Liana, percebendo sua aflição, ofereceu algum conforto em seu abraço, e ponderou:

– Não se desespere, querida. Vou tentar falar com o Coronel, ele haverá de reconsiderar sua decisão. Deve de estar desapontado com você. Mas isso passa.

– Não, Liana! Do pouco que ele sabe já me renega. Se souber de toda a verdade me repudiará.

A ama afastou-a de si para compreender do que a moça falava.

— Qual é a verdade, Leandra? Posso saber?

— É doloroso demais. Acho que nem você me compreenderá. Sinto-me perdida. Não consigo confiar nas pessoas. Perdoe-me, Liana. Preciso pensar em tudo isso com calma. — Olhou ternamente para a ama, e disse — Obrigada por revelar-me o que sabe e por me encorajar. Mas estou muito combalida. No fundo, apesar do longo tempo em que fui esquecida naquele convento, acreditava que meu tio tivesse por mim alguma estima. Mas, agora, penso que ele é um covarde! Incapaz de vencer as objeções de minha tia e os preconceitos sociais. — Deu um beijo nas bochechas de Emiliana e considerou — Nos veremos no próximo domingo? Creio que você é o que restou da minha família. Se puder, ficarei contente em acompanhá-la num passeio.

— Certamente! — expressou, retribuindo ao carinho.

— Agora tenho que ir, Liana. Preciso encontrar alguém. — Deu um sorriso que teve o poder de apagar-lhe a expressão triste de então.

— Deve de ser alguém especial. Pois se renovou só de falar nele!

— É o que parece ser. Mas ainda não sei o que esperar. É um amigo gentil. Depois lhe conto. Adeus, querida, até breve!

Despediu-se e começou a volta ao mercado, alcançado a barraca de frutas. Vendo as uvas frescas, que se aglutinavam nos ramos, acentuando o rubro, pediu uns bagos e foi saboreando como gotas do mais puro néctar. Nesses momentos, em que se deixava levar pela espontaneidade, assemelhava-se a uma criança repleta de sonhos, trazidos feito balões coloridos que sobrevoavam a sua mão infantil. Sentia que isso lhe dava forças, o que bastava para querer mantê-los, mesmo que frágeis, junto de si.

O vento tremulava a saia do seu vestido, sabia ainda ser cedo para a hora marcada com Rodrigo. Então, enquanto sentia o doce de cada pequeno fruto, os seus pensamentos, soltos feito velas de embarcação, ganhavam forças ao vento da reflexão. Viu nas ramas das *azucenas* o sobrevoar suave das borboletas, alheias às dores do mundo, concentradas nas flores e na seiva. Invejou-as em princípio, até perceber que elas dividiam consigo aquela ventura, como mestras inocentes desenhando no ar o esboço da lição: "Olhai para as aves do céu, que não semeiam, nem ceifam, nem ajuntam em celeiros; e vosso Pai celestial as alimenta. Não valeis vós muito mais do que elas?"

– Belo dia esse! Não acha?

Ela virou-se ao reconhecer a voz.

– Rodrigo! Que bom te ver.

– Que bom que você veio! Duvidei que tão bela dama viesse ter no mercado com um peão como eu.

– Oras. De que me valem essas posições sociais? Vou ao encontro de um rapaz gentil que conheci na véspera. Isso não é o bastante?

– Para mim também é! E como não gosto de perder tempo, veja o que trouxe para nós. – Exibiu, num alongamento de braço, dois belos cavalos, amarrados na árvore próxima.

Ela surpreendeu-se com a sua ousadia.

– Mas não iríamos combinar a cavalgada neste encontro?

– Por isso mesmo. Não sabia o tamanho da sua vontade de cavalgar. Quis me garantir, caso fosse grande e quisesse marcar para agora. Tenho até destino e rota traçados.

Ela sorriu abertamente e pensou. "Por que não? Se é o que mais quero no momento" e concordou.

– Está bem, aceito o convite. Mas não posso demorar.

– Ótimo! Não vamos para longe, não se preocupe.

Ele ofereceu a montaria do cavalo malhado, alegando ser mais baixo e calmo. E montou no branco de longas crinas. Foram trotando até os limites urbanos e, já nas vias marginais do grande rio, deram ânimo à cavalgada. Rodrigo deixou que ela fosse à frente para observar-lhe os modos, admirava-a em todos os gestos, estava encantado. Depois tomou a dianteira, conduzindo-a ao local escolhido por ele. Chegaram a um reduto, onde as árvores se afunilavam, sombreando as faces rochosas de um pequeno monte, dando-lhe frescor e graça, secundada por uma cascata que completava a suavidade do ambiente.

Saltou do cavalo para ajudá-la na descida.

– Veja, Leandra, que lugar belo. Aposto que não o conhecia. Os forasteiros são mais curiosos ao visitar novas terras. Nas minhas horas vagas fico explorando as cercanias.

– Tem razão! Nunca vim aqui antes. Acabamos por consumir nosso tempo com os afazeres cotidianos e não damos valor às coisas simples. – Admirou-se da sensibilidade dele e ficou observando-o. Ele, agachado à beira da fonte, dedilhando a água, posicionou-se ao seu lado.

O rapaz fitando-a, disse:

– Como pode?

Ela pestanejou, sem entender.

– O quê?

– Como pode estar mais linda do que ontem?

Ela sorriu com o elogio, e deixou escapar:

– Diríamos que me preparei melhor.

Surpreso, completou:

– Por causa do nosso encontro?

– Creio que sim. Mas desse modo vou encabular.

– Não vai não. Eu também me preparei melhor – disse ele, agarrando-se às golas do próprio casaco.

Ela gargalhou.

– Que falha a minha, por não elogiá-lo também. Pois mereceu. Afinal, está muito bem alinhado...

O moço deu um longo suspiro, e perguntou:

– Posso?

– Pode o que?

– Aproximar-me de você. – Vendo-a emudecida, porém suave, aproximou-se lentamente. Quase encostou o seu rosto no dela.

A moça retraiu-se, e ele amenizou:

– Não se assuste, só quero tirar uma cisma.

Ela pôde sentir a sua respiração tocar-lhe as bochechas.

– Eu sabia – exclamou ele.

— O que diz? — indagou a jovem.

— Eu sabia que o seu cheiro era doce. Parece que conheço você, Leandra. Acredite que não estou de galanteios. Tenho a sensação de que já a conheço. Eu lhe disse ontem que iria descobrir o que a fazia diferente.

— Confesso que você também me é familiar. Sinto-me à vontade ao seu lado. — Pensou se não estaria precipitando as coisas revelando-se assim, mas a sinceridade dele a incentivava. Lembrou-se da sua situação na Casa das Acácias e veio-lhe à mente a imagem de Gomez, o que a fez transparecer certa aflição.

— O que foi, Leandra? Precisa ir?

— Sim. Minha tia deve de estar sentindo minha ausência.

— Então, vamos! Eu acompanho você.

Deixou-se acompanhar até o mercado, e pretextou a necessidade de comprar algo para a tia. O moço, sem compreender o embaraço dela, esclareceu:

— Preciso saber um modo de te reencontrar.

— Marcamos então onde você preferir — consentiu ela.

— Vá me ver treinar amanhã! Será na *plaza* menor, às 16 horas.

— Está bem, irei!

— Se você deixar de ir, não saberei como encontrá-la! — advertiu o jovem. — É importante que vá, está bem?

— Eu vou, Rodrigo! Tranquilize-se. Também não saberia como encontrá-lo.

— Não seja por isso. Estou hospedado na pensão de *Las Flores*.

– Aquela próxima à capela La Macarena?
– Isso! Lá estão hospedados muitos toureiros. – Vendo-a admirá-lo, aproximou-se, dizendo. – Não fuja de mim, Leandra.
– Por que o faria, Rodrigo? Pelo pouco que lhe conheço já lhe reservo estima.
– Por isso mesmo.

Ela depositou-lhe a mão delicada na face e, num franco sorriso disse:

– Até amanhã, toureiro...
– *Hasta mañana, hermosa...*

CAPÍTULO 31

Novas revelações

CHEGANDO À Casa das Acácias, Leandra encontrou pequeno grupo reunido no salão de eventos. Cumprimentou as meninas com otimismo. As trabalhadoras da noite estavam com os olhares embriagados de sono. Lucélia interpelou-a:

— De onde vem tamanha empolgação? Vejo-a acordando cedo e voltando horas depois com o seu melhor sorriso.

— Estou feliz. E vocês, o que fazem reunidas aqui a essa hora?

— Dona Acácia convocou esta reunião. Foi chamar o resto do pessoal e logo estará de volta — esclareceu Izabela.

— Sabem o motivo? — indagou Leandra.

— Advertência! Vai cobrar inclusive seus esforços para a apresentação do bailado. — Lucélia ergueu-se ao dizer isso, mostrando interesse nos preparativos, afinal lhe caberia um papel de destaque na coreografia de sábado.

– Acalme-se, estará tudo a contento, já distribuí cartazes em pontos estratégicos da cidade, e prometi remuneração a dois rapazes que se encarregarão de divulgar, nas barbearias e tabernas – informou a coreógrafa Leandra.

Nesse ínterim, Dona Acácia aproximou-se do grupo com os dois encarregados da arrumação. – Ouvi o que estava dizendo, Leandra! Fico contente que esteja trabalhando para o espetáculo. Tenho notado que anda um tanto avoada nos últimos dias. Quero falar em particular com você, após a reunião. – Ao dizer isso, cravou-lhe os olhos.

Feitas as explanações, distribuídas as tarefas, todos se dispersaram, e Leandra, que já ia subindo, sentiu o puxão pelo braço vindo de Dona Acácia.

– Está fugindo de nossa conversa?

– Claro que não!

As duas se fecharam na saleta de Dona Acácia, que foi logo dizendo.

– O que está acontecendo com você?

– Como assim? – estranhou a moça.

– Temos um acordo e você não o está cumprindo – ralhou Dona Acácia.

– Em qual aspecto não estou cumprindo o combinado?

– Anda evasiva com Gomez. Ontem não o deixou entrar em seu quarto. Não esqueça que lhe deve favores.

– Favores amorosos? – indignou-se a jovem.

– Ora, menina. Ele tem interesse em você, por isso interveio em seu benefício. E eu devo favores a ele.

– Já que está expondo a situação desse modo... Que favores a senhora deve a Gomez? – questionou a moça.

– Isso não convém a essa conversa.

Leandra aproximou-se da senhora e mirando-a nos olhos insistiu:

– Se não convém, por que a senhora usa esse argumento em nossa conversa? Quer sinceridade, Dona Acácia? Seja sincera comigo. Como poderemos nos entender se me oculta os verdadeiros motivos? Acaso não estou trabalhando o suficiente e pagando as minhas despesas?

– Está! Isso é certo! – Dona Acácia sentiu um calor subir-lhe nas bochechas. Foi surpreendida pela explosão da contradita. – Vou falar com Gomez. É que ele está me pressionando.

– Não precisa falar com ele! Eu mesma falarei. Só preciso que não me questione em relação à minha vida pessoal. Penso que ela não deve entrar em nossa relação de negócios.

A dona do cabaré estava surpresa com tamanha argúcia. Como cobrar um comportamento que não compunha o rol de obrigações da moça no acordo proposto? Refletindo, decidiu intimamente que o filho deveria resolver-se com ela, sem causar embaraços para a casa.

Chegada a noite, vários cavalheiros da sociedade sevilhana ingressavam, como de costume, à Casa das Acácias, foram se acomodando nas mesas e consumindo largas quantidades de alcoólicos. Dona Acácia recepcionava alguns convidados mais ilustres, e, enquanto pendurava num cabideiro uma casaca de veludo com forro de tafetá, ouviu atrás de si uma voz grave familiar.

– *Buenas noches*, Dona Acácia! Permite-me visitar a sua casa?

Virou-se, sem acreditar, e deparou-se com a imponência do Coronel Rodriguez.

– O que o senhor faz aqui?

– Vim convidado por seu filho! Permite-me ingressar?

– Claro, como não?! A casa é aberta a toda a sociedade.

– Gostaria de uma mesa bem disposta para melhor assistir à dança!

– O senhor está sozinho?

– Se me fizer companhia não estarei mais!

Ela se contrafez no semblante, mas, polida, considerou:

– Tenho que gerir o negócio, Coronel! Já não faço as vezes de acompanhante. Mas me comprometo a dar-lhe um pouco de atenção logo após o espetáculo. – E, levando-o até a mesa, concluiu – É oportuna a sua vinda aqui. Precisava mesmo lhe falar.

– À disposição, Dona Acácia! – estava disfarçando a ansiedade, lembrava-se, a todo o momento, do dia em que deixou a sobrinha no convento. "Ela estava arrasada, sentia-se abandonada, fez-me prometer que não a esqueceria lá, o que não soube cumprir. Depois de tantas dificuldades no casamento, queria enfim estar bem com Leonor, e acabei me excedendo no tempo com Leandra." Olhava ao redor para melhor avaliar a espelunca em que a sobrinha se metera, e contrariava-se a cada observação. "Quando conheci Acácia na juventude, ela me atraiu de imediato, já era, então, meretriz. Dei-lhe joias, remunerei-a bem, mas a descuidada engravidou e não quis se desfazer do filho. Agora, o fruto daquele relacionamento imprudente me cobra a paternidade. Queria convencer-me de que o filho não era meu, mas bem o reconhecia nos traços. Formado nos ambientes impróprios da noite, só poderia ter o caráter deformado. Como relacionar-me paternalmente com um trapaceiro que, certamente, busca enriquecer-se sucedendo-me? Além disso, assumir um filho com a dona do cabaré só mancharia a minha reputaçãocom os sevilhanos."

    Os pensamentos do Coronel partiram em revoada quando foi anunciado o início do espetáculo. Ficava buscando na face de cada bailarina o rosto querido de Leandra. O bailado corria contente, as cores e véus teciam o cenário, e lá estava ela: a surgir, bela e singular, destacando-se na trama, em parte pela pujante participação no enredo, em que era a principal, mas também por seus atributos físicos, que eram realçados pelo carisma.

    O Coronel remexeu-se todo na cadeira almofadada. "Meu Deus, que bela mulher!" Percebia nos olhos alheios o desejo estampado, ressentiu-se. Então procurou na expressão da dançarina a correspondência de tanta sensualidade. Estava diante de uma incógnita, ela parecia alheia a plateia, mas, às vezes, despejava aleatoriamente os olhos cálidos em algum cavalheiro, fazendo com que o mesmo se sentisse alvejado letalmente pela cupidez. Imaginou-a se deleitando com aqueles homens e sentiu repúdio. Em contrapartida, pensou no quanto a desejaria se fosse jovem e desimpedido, e lembrou-se de quantas vezes se entregara a esses impulsos da libido. Levantou-se no meio do espetáculo, fazendo-se notar por Leandra, que tentou não demonstrar o susto pelo qual foi acometida, sem, contudo tirar os olhos dele. Ele parou de costas para o palco, a caminho da saída. Parecia sentir em sua nuca o olhar dela, que continuava a dançar. Virou-se e a encarou. Ela encheu os pulmões e o encarou também. O Coronel estava imóvel. Alguma força maior o impedia de retirar-se, e a cada volta que ela fazia, nele depositava os olhos, como se lhe ordenasse a permanência.

Ao fim da música, fecharam-se as cortinas. A dançarina correu para o camarim, cobrindo-se com um sobretudo, e saiu à procura do tio.

Antonio, sem saber ao certo o que fazer, foi para o vestíbulo, com a intenção de apanhar a casaca e o chapéu, na velocidade ideal de ter com ela, se assim ela o quisesse. Vendo-o ali, aproximou-se do militar e esperou que ele dissesse algo, o que não fez. Então se precipitou.

– Veio me ver, tio?

Ele não sabia o que dizer e começou a bufar, fazendo-a prosseguir.

– É difícil para você me ver assim, não é?

– Você fugiu do convento para se transformar numa rameira! O que esperava que eu dissesse.

– É isso que vê? Uma rameira?

– É o que parece, Leandra. Veja onde você se encontra.

– Você também está aqui. E não se parece com nenhum desses cavalheiros. Eu o reconheceria em qualquer circunstância.

– O que está dizendo, menina?!

– Digo que o senhor me julga pela aparência. E não me reconhece pelo que realmente sou. Digo que não me restavam muitas escolhas. Não sei se escolhi a melhor. Não sei se me arrependerei da vida que estou levando. Mas sei que se tivesse o seu apoio a minha vida seria diferente.

Ele sentiu um nó na garganta, e ela continuava a dizer tudo o que lhe doía no íntimo.

– Meu pai me confiou a você. Ele tinha esperanças de que você me daria amor. Mas o senhor foi fraco no amor, me renegou à clausura e agora se envergonha de mim. As conveniências gritam demais na sua cabeça para que possa sequer ouvir o que diz o seu coração.

Ele ofendeu-se e ameaçou espalmar-lhe a face. Gomez segurou o seu braço com violência.

– Não se atreva, Coronel! Ou se verá comigo. Aqui é a minha casa. Aqui mando eu!

– Você, Leandra... Está muito bem amparada por esse aí! Não foi essa a sua escolha? – bradou o tio.

Ela cobriu o rosto com as mãos para que ele não a visse chorar. Nem pôde ver o momento em que ele saiu. Dona Acácia pediu música para distrair os clientes do alvoroço de então. Aproximou-se de Leandra e Gomez e exigiu esclarecimentos.

– Mãe, Leandra é sobrinha desse crápula!

– Sobrinha do Coronel?! E por que me ocultou o fato, Gomez? Por que não a devolveu para ele?

Vendo-se pressionado, o rapaz saiu batendo a porta.

Leandra tentava se refazer, e deu-se conta do quanto havia represado aquelas palavras, e como elas fizeram arder a sua garganta enquanto ditas. Acácia deu-lhe um copo com água.

— Muito bem, mocinha. Chega de mistérios aqui. Conte-me tudo! — Ofereceu-lhe um lenço e sentou-se ao seu lado.

— A senhora me contará os seus mistérios?

— Você já não descobriu? — indagou Dona Acácia.

Ela fez que sim com um gesto de cabeça.

— Eu ouvi o Gomez chamando a senhora de mãe.

— Então saiba que vocês são primos de fato. José é meu filho, e o Coronel é o pai dele.

A moça demorou um longo tempo processando todos os acontecimentos do passado, que em diversas circunstâncias tentaram gritar atrás de uma mordaça: ali, nos papéis de patrão e empregado, havia uma relação deteriorada de pai e filho.

As duas conversaram longas horas, revelando detalhes de suas histórias. Sentiram-se mais próximas, por isso, e, na medida do possível, amigas, esse possível tinha nome, José Gomez.

CAPÍTULO 32

O compromisso

"*Atar-se em dever significa que, em dado momento, houve o consentimento à expectativa, retribuição à esperança de outrem. Quem se compromete o sabe, nas venturas e desventuras o elo emerge ou submerge, evidenciando sua existência. Queres saber se estás comprometido? Pergunta à tua consciência, se ela não disser claramente ao ser questionada, estará dorida.*
Existe sexo sem compromisso? Para quem? É possível saber das expectativas próprias ou alheias? A primeira que se tentar esboçar poderá variar imensamente após a experiência desejada. E por ser uma experiência compartilhada em frutos, assim será também em relação à responsabilidade advinda. Se não quiseres sofrer em matéria de sexo, compromete-se por amor. Existe outro sentimento que melhor acolha os frutos de uma relação sexual? Quantas pessoas desorientadas

perambulam sôfregas em atrozes dores passionais? São muitos os rebentos entregues ao abandono material e moral! O sexo sem amor equivale a uma árvore oca e sem raízes. Cresce sem base nem seiva. Cresce na aparência e logo após abate-se, derrubando as casas e tudo ao redor. A quem restará reparar os danos do pérfido cultivo? Ninguém te acusará, nem Ele o fez, somente tua consciência, tribunal Divino depositado em ti mesmo, desde a existência em razão. E o fará de imediato, como um tumor desenvolvendo-se silente na alma imatura. Poderás até ignorar esse fato, mantendo-te na conduta equivocada, mas o fato é que um dia terás de enfrentá-lo, e, nessa matéria, o quanto antes melhor. 'Ninguém te condenou? Respondeu ela: ninguém, Senhor! Então lhe disse Jesus: Eu tampouco te condeno; vai e não peques mais.'"

– LEANDRA, deixe-me entrar! Quero falar com você – gritava Gomez, enquanto batia na porta.

– É melhor não, Gomez! Preciso estar só!

– Se você não abrir essa porta eu vou derrubá-la! Você sabe que eu faria isso!

Breve pausa se fez e os ouvidos vizinhos não se continham em curiosidade. Aquela cena repetitiva pedia um desfecho. Ela acreditou na ameaça e quis evitar maiores tribulações.

– Está bem! Entre.

O primo atravessou o estreito vão da porta, e inquiriu:

– Por que está me evitando? O que se passa com você?

– Pensei que a porta lhe serviria de freios. Você persiste numa situação que eu não desejo mais! – declarou a moça firmemente.

– Então, agora me despreza? Acha que sou um joguete?

– Não! Nunca o enganei, já lhe disse várias vezes que não quero compromisso. Quando nos deitamos pela primeira vez, foi por imposição sua! E da última vez eu me deixei envolver, mas não lhe prometi nada, Gomez!

Ele a agarrou pela cintura, estava atônito, não aceitava perder.

– Os seus beijos me prometeram, a sua pele, as suas carícias.

– Chega, Gomez! Estou lhe pedindo para sair daqui.

– Não me desprezará, Leandra! Eu não vou deixar! Sabe muito bem que se eu quiser posso tê-la agora mesmo!

Vendo a obstinação dele, teve medo, mas se arriscou a dizer:

– Se houvesse alguma esperança entre nós, ela findaria neste momento. Faça isso e eu sumo daqui! Nunca mais me verá!

Ele vacilou, afrouxou a pressão que impingia às costas dela, prendendo-a.

– Para onde iria? Pretende se rebaixar a ponto de voltar para o seu tio? Não ficou claro que ele não a quer?

Aproveitando-se dessas palavras, Leandra o desafiou:
— Por que acha que ele veio aqui hoje?
— Ele a chamou de rameira! Ia lhe bater na face se eu não o tivesse contido! Aquele crápula só pensa no dinheiro dele!
— E você? Não pensa? Por que foi dispensado da fazenda? – rebateu ela.
— Do que está falando?
— Chega de mentiras, Gomez. Será que consegue ser verdadeiro comigo pelo menos uma vez? Eu descobri várias coisas a seu respeito. Mas não soube nenhuma delas por você. Como posso confiar em uma pessoa que eu não conheço?

Ele se lembrou da advertência materna "Conte-lhe algumas verdades, para que ela confie em você". Sentou-se e ponderou:
— Está bem, o que quer saber?

Ela sentou-se ao seu lado e falou:
— Preciso entender algumas coisas. Quando você foi me buscar no convento, o Coronel já havia descoberto os seus negócios com os cavalos dele?

Ele assustou-se intimamente, mas manteve, na aparência, a tranquilidade, e tentou ganhar tempo.
— O que tem isso a ver?
— Simplesmente responda, não consegue?
— Sim, ele já havia tomado conhecimento – respondeu contra a vontade.
— Você sabia que o meu tio estava com a intenção de me buscar?

Gomez levantou-se e riu sonoramente.

– Você pensa que fiz tudo de caso pensado?

– Você diz isso. Aliás, se me oculta a verdade, o que me resta para analisar e concluir? Nenhuma mentira consegue se sustentar por muito tempo. Se mentir para mim, eu descobrirei. Perguntarei ao Coronel.

– Está bem, ele comentou comigo que talvez fosse buscá-la.

A jovem suspirou e ficou olhando para o chão. Ele sentou-se junto dela e apaziguou:

– Mas isso não quer dizer que eu não a amo. Eu fui buscá-la antes dele, porque me importo mais com você do que ele.

Ela ergueu os olhos, fixando-os nele:

– A verdade é que você me queria para você, independentemente da minha felicidade. Se me amasse realmente, saberia lutar por mim com lealdade. Você me deixaria livre para escolher!

Gomez ajoelhou-se, e abraçando as pernas da moça, insistiu:

– Leandra, o que está dizendo? Eu amo você! Para ficar com você eu faria qualquer loucura.

– Não é de loucura que preciso. Eu quero alguém que me respeite. Que me deixe ser o que sou para livremente me tornar o que eu quero ser. – disse isso com tanta franqueza, que parecia estar descrevendo o seu mais firme propósito.

O moço levantou-se irritado, percebeu não se enquadrar naquela descrição. O modo como ele conduzira o relacionamento até ali denunciava o quanto estava longe de atender àquelas expectativas. Ameaças não teriam o condão de fazê-la mudar de ideia. Ouviu claramente ressonar em seus pensamentos uma voz que o fez estremecer. *"Ela está apaixonada por outro."* Virou-se para ela e inquiriu:

— Você conheceu alguém?

Leandra sentiu um calafrio. Pregava a verdade, mas não se sentia encorajada a dizê-la. Não sabia avaliar as consequências de tal revelação. Em verdade, tinha medo das "loucuras" que ele seria capaz de fazer.

— Não! Por que pergunta?

— Pressentimento! Você não me esconderia isso, não é?

Agora, foi a vez de ela se levantar. Andou, repisando os próprios passos. Esfregava com a mão o braço que pendia ao lado do corpo.

— Gomez, vamos esclarecer as coisas. Eu não lhe devo satisfações da minha vida! Aliás, não lhe devo nada! Se alguém aqui está em débito é você! Foi mentiroso, oportunista, manipulador. Não quero ofendê-lo, mas essa pressão que você exerce sobre mim, sufoca. O que eu posso fazer para resolver a nossa situação?

— Obrigada por me responder – Saiu e bateu a porta.

A jovem deixou-se cair na cama, e ficou divagando. "Seria melhor que ele me esbofeteasse do que sair assim, mudo e absorto, sem externar suas conclusões."

CAPÍTULO 33

A felicidade

QUANDO O alvorecer enfim assinalava em toda a parte o reinício, houve quem se mantivesse no leito, resistindo às tarefas diárias, houve quem perambulasse à procura de novidades, outros, que já possuíam metas, seguiam-nas por imposição, mas uma pessoa, em especial, preparava-se desde o despertar para um inesquecível reencontro. Cuidou para que ninguém notasse a sua ausência nas tarefas incompletas ou providências tardias. Após *la comida*, banhou-se em águas tépidas e perfumosas, alinhou as vestes, as madeixas, e enquanto adornava-se, percebeu que em seu semblante, vez por outra, rompia um lindo sorriso. Lembrou-se de uma poesia que há muito a sensibilizara.

> *"Oh, sorriso vespertino!*
> *Abandonou-me inda menino...*
> *No entanto vêm agora...*
> *Mostrar-me por fora...*

O que guardo aqui dentro...
Entre o extremo e o centro...
No peito dorido...
Cá escondido...
Um coração!
Estou amando...
Então fico rimando...
Adeus, incredulidade!
Olá, felicidade!"

Lucélia, vendo o primor com que se arrumava, divertida, tagarelou:

— Pobre coitado. Não terá chances ao vê-la assim. Irá se apaixonar, sem dúvida.

— Do que está falando, Lucélia? Acaso está escrito em minha testa que vou a um encontro?

— Resta-lhe alguma dúvida da evidência?

Leandra ajoelhou-se ao lado da amiga, acomodada na cadeira de quarto.

— Mas sempre me arrumo. O que há de diferente?

— Esse seu sorriso... Um viço novo que tenta conter sem êxito. Está apaixonada, não está? — arrematou a amiga.

Levantou-se rapidamente, fechando a porta para voltar à mesma posição.

— Promete que não comentará com mais ninguém? — Vendo Lucélia concordar, continuou. — Nunca me senti assim por ninguém! Não sei o que fazer com tanta alegria, Lucélia.

Se alguém me visse por dentro, encontraria uma criança saltitando, eufórica. O que faço para me aquietar?

– Por que precisa se aquietar? Viva esse sentimento! Isso é amor, sua boba!

– Tenho medo de me decepcionar. E, além disso, ele ainda não se declarou – expressou isso cismando.

– Leandra, a gente percebe quando eles estão apaixonados. Você é linda, inteligente e cobiçada. Só mesmo um *bufón* para não lhe querer.

A jovem riu dos modos da amiga.

– Obrigada, amiga! Acontece que eu não estou buscando alguém que me queira. Mas amor. Preciso me sentir verdadeiramente amada, Lucélia! Só tem um problema...

– Qual? – indagou Lucélia.

– Não tive coragem de dizer a ele que moro num cabaré.

– Por que? Acha que ele não a aceitaria?

– Não sei! Ele me trata como uma dama. É um rapaz muito educado. Pretende voltar a Cadiz, onde mora com a família. Como iria me apresentar aos seus pais? "Esta é Leandra, uma dançarina de cabaré"?

– Mas ele não precisa dizer isso aos seus pais. E se ele a ama, irá aceitá-la, oras!

– Lucélia, eu não sou mais uma donzela. E, para os moços, isso é condição para querer compromisso. Vai pensar que sou uma rameira.

– Ora, veja! Logo você está aflita com isso! Você que sempre passou para todas nós que o nosso valor está acima dessas convenções. E especialmente você, Leandra, que não se prostituiu. Nunca cobrou para ficar com um homem. Só teve Gomez! Não foi?

A jovem apoiou-se no beiral da janela. O ar do quarto parecia não lhe bastar.

— Como me arrependo disso, agora! Fui me envolver com um homem que pensa ser meu dono. Ainda ontem tivemos uma discussão. Ele está desconfiado que eu tenha outra pessoa.

Lucélia aproximou-se de Leandra, afagou-lhe suavemente o ombro e recomendou:

— Não deixe que ele descubra! Ao menos enquanto você não se acertar com esse rapaz. Já vi Gomez fazer coisas que me assustaram bastante. Ele é agressivo!

— Eu sei. Às vezes ele me dá medo.

— Mas, agora, cadê o sorriso que estava aqui? — Lucélia disse isso envolvendo a amiga. — Você vai ser feliz, Leandra! Não tenha medo!

As amigas dividiram um abraço e desceram pelas escadarias rindo das promessas que o dia lhes fazia.

Na *plaza* menor, muitos toureiros se colocavam em posição de apresentar-se. Era um desfile inaugural para as apresentações oficiais das *ganaderías*.[20] Haveria, logo após o desfile, *la novillada del pueblo*. As ruas estavam em polvorosa em razão das *fiestas* vindouras.

---

20. Criadores de gado. (Nota da médium)

Leandra, antes de sair do cabaré, cautelosa averiguou se Gomez estaria em casa, aguardando que ele saísse para ir ao encontro marcado, em seguida. Estava alegre demais para perceber um vulto se esquivando nos arbustos da ruela, no momento em que atravessou os umbrais da porta. Seguiu margeando a calçada, desviando-se dos transeuntes para ganhar tempo. Fez a transversal da rua principal e alcançou a *plaza* em um quarto de hora. Combinara com Rodrigo que se encontrariam nos fundos da *plaza*, na porta arcada por onde ingressavam os artistas nos dias de espetáculo.

Antes de fazer a volta pela *plaza*, parou por alguns instantes, olhou para trás e viu uma grossa multidão, no sentido contrário ao seu. Por alguns instantes teve a forte impressão de que saltariam grandes olhos incisivos da massa popular, e sentiu-se perseguida. Ficou um tempo observando e nada viu, cismou: "Estou imaginando coisas". Deixou o lenço que cobria os seus cabelos, e as madeixas escorrerem até os ombros, suspirou contente, antevendo o momento de encontrar-se com Rodrigo. Na véspera, ele insistira para que viesse, parecia querer dizer-lhe algo, ao menos foi assim que ela recebeu a tenacidade de que o apelo era revestido.

Encontrou-o, apoiado nas paredes do *arenal* com suas *zapatillas* pretas. Estava vestido como um típico bandarilheiro, com *chaquetilla* de lantejoulas prateadas que enfeitavam também a *taleguilla*, e trazia nas mãos, contorcido pela ansiedade, um *sombrero de tres picos*. Avistando-a, correu ao seu encontro, e a abraçou fortemente.

— Tive medo que não viesse!

Ela sorriu para ele, surpresa com tamanha demonstração de afeto, e falou:

— Eu lhe disse que viria.

— Preciso saber onde encontrá-la! E se lhe acontecesse algo... Talvez perdêssemos o contato para sempre!

— Não diga isso, Rodrigo! Nada irá me acontecer.

Ele olhou firmemente para o seu semblante, abriu um alvo sorriso e disse-lhe ternamente:

— Nem sei se mereço uma moça tão *hermosa*. Mas se você corresponde aos meus sentimentos, quero lhe propor compromisso.

A jovem, que estava intimamente exultante e desejosa de que falasse mais, inquiriu:

— Para saber se é correspondido terá que dizer dos seus sentimentos, primeiro.

Rodrigo a reteve nos braços e, desconcertado, disse-lhe:

— Amo você, Leandra! Nunca senti por ninguém o que sinto por ti! Não há um só minuto do dia que eu não pense em você, vejo em pensamento o seu rosto, seus modos, sua voz. Quero tê-la para sempre ao meu lado! É o que sinto.

Ela pensou em lhe dizer a verdade sobre si, antes de selar o compromisso, mas era tanta a admiração que jorrava naquelas palavras, no brilho de seus olhos, que não quis arriscar o encantamento com a dureza da revelação. Calou-se, e antes de confessar-se fechou os olhos levemente, foi o que bastou para que ele tocasse os lábios nos seus. A respiração de ambos estava em sincronia, um bem-estar indescritível envolveu o casal, fazendo-a concluir:

– Todos os seus sentimentos são correspondidos, Rodrigo! Todos!

Ele a ergueu nos braços, fez um rodopio e beijou-lhe repetidas vezes nos lábios, demonstrando na reiteração o quanto ansiava por aquele momento.

Atrás da coluna da cancela, Gomez observava toda a cena, e teve ímpetos de ir até lá e desfazer toda a farsa, revelando o que o cavalheiro não sabia, que estava proferindo juras de amor a uma meretriz. Conteve-se por oportunismo. Aguardou o momento em que se despediram, observou com frieza quando a jovem passou por si e escondeu-se. Queria saber quem era o par romântico de Leandra. Foi até o pátio seguiu o moço até um grupo de *novilleiros* que aguardavam a vez, e percebendo que o cumprimentaram, inquiriu com simulado desinteresse:

– *Buenas tardes*. Conhecem aquele bandarilheiro?

– O Rodrigo?

– Isso mesmo! Não tive certeza se era ele. Passou tão depressa que nem pude lhe entregar um aviso. Sabe como posso encontrá-lo?

– Claro, ele vem todas as tardes treinar! – informou um integrante do grupo.

Riu com os olhos e despediu-se, num aceno de chapéu.

– *Gracias*, cavalheiros.

CAPÍTULO 34

A amizade

NA TARDE seguinte, Gomez estava à espera de Rodrigo. Esteve intimamente inquieto, estabelecendo uma estratégia para pôr fim aos planos de Leandra. Estava obstinado a despi-la da posição de boa moça, sem, contudo, deixar evidente o seu despeito.

Avistando-o, ficou observando enquanto treinava. Analisava-o pelos modos, fazendo conjecturas sobre o seu caráter. Rodrigo demonstrava ser querido pelos companheiros de equipe, mas quando as coisas não davam certo, esbravejava, perdendo a ascendência sobre os demais. Demonstrava, nessas ocasiões, sofrer de demasiada austeridade. Traçou um paralelo dessa faceta de personalidade com a situação que o incomodava e pensou. "Ele é exigente com os colegas, não aceitará ser enganado por ela, que certamente não teve a coragem de lhe dizer a verdade, como fez comigo".

No término do treinamento, aproximou-se dos trabalhadores e tentou ser simpático com Rodrigo.

— Muito boa a apresentação. Você treina há muito tempo?
— Há uns dois anos! Qual o seu nome?
— José Ramirez! E o seu?
— Rodrigo Munhoz.
— Prazer! Somos colegas de profissão. Sou *rejoneador*. Mas por força das proibições, praticava só no haras em que eu trabalhava.
— Sério?! Você está sem trabalho?
— Sim! Estou procurando atividade.
— Estamos precisando de alguém para cuidar dos cavalos. Gostaria de conversar com o nosso coordenador?
— Claro que sim!

Rodrigo encaminhou Gomez, que teve êxito na entrevista. As apresentações começariam, e o tratador de cavalos da *Ganaderia* ficara enfermo. Iniciou-se assim a convivência de ambos. O *rejoneador* aos poucos foi ganhando a confiança de todos, naquela semana, demonstrando sua capacidade com os cavalos e com *la lídia*.[21] No fim da tarde, os toureiros tinham por hábito frequentar uma taberna, e consumiam muito *vino* com *tapas*. Riam das pelejas do dia e falavam de seus casos amorosos.

Gomez começou a fazer parte do pequeno grupo, era muito bom com as troças, fazendo com que todos rissem. Aproveitando-se da descontração dos colegas, que já iam embriagados a certa altura da noite, começou a sondá-los sobre as

---

21. Corrida de toros. (Nota da médium)

sevilhanas. Cada um contava uma historieta, e riam-se todos. Até que Ramon soltou uma revelação:

— Rodrigo não diz nada porque anda enamorado. Aliás, por *una muchacha muy garbosa.*

Todos riram, enquanto Rodrigo fechou o cenho.

— Prefiro que não falem dela como falam das outras mulheres. Estou comprometido.

Gomez sentiu uma pontada no peito que lhe abateu o ânimo. Percebeu a boca amargar com a bebida. Refez-se da expressão de desgosto e aproveitou-se:

— Você é tão novo! Pretende se enlaçar?

— Sim! Assim que acabar as touradas falarei com a tia dela e lhe pedirei em compromisso. Quero me casar com Leandra! Não posso perder essa moça! Ela é doce, suave, tem todos os predicados que busco numa mulher!

O *rejoneador* engasgou-se.

— Tia?! — Soltou uma gargalhada, despertando até os mais embriagados. — Desculpe-me! Acho que bebi demais. Ela não tem pai? — remendou o gracejo, com dissimulada seriedade.

— Não! Ela é sozinha e mora com a tia!

— Ah. Entendi. — Sentiu-se satisfeito em conferir a mentira com a qual ela descrevia a sua vida. Sabia que não teria a firmeza de se apresentar tal qual era. Abrindo-lhe assim a oportunidade perfeita para descrevê-la em breve, com maior entonação e conveniência. Pretendia realçar a incongruência, como quem desenha em caricatura, desfazendo aquela situação patética de um belo amor juvenil.

CAPÍTULO 35

A véspera

NO SÁBADO, pela manhã, o sol se comprazia no levante, e o jovem casal desfrutava da convivência amorosa. Partiram para um passeio em prados verdejantes e se dispuseram a conhecer melhor um ao outro. Sentaram-se à beira de um vale e observavam os olivais, que se envolviam pela generosa luz do dia. Toda vista ganhava maior formosura, porque seus olhos alegres sabiam extrair dos quadros a vivacidade e a louçania. Em dado momento, Leandra repousou a cabeça sobre os ombros de Rodrigo e disse-lhe afetuosa:

— Há muito não desfruto de tanta leveza de espírito! Sinto-me muito bem ao seu lado, Rodrigo...

— Estava a pensar a mesma coisa. No instante em que a vi pela primeira vez sabia que entre nós seria diferente. Você é moça para casamento.

Ela ergueu a cabeça e olhou para ele, que estava concentrado nas próprias palavras, descansou os olhos no firmamento e voltou a fixá-lo, propondo-lhe:

— Após a sua apresentação de domingo quero conversar com você...

Percebendo a seriedade dela, replicou:

— Diga agora! Do que se trata?

— Por favor, compreenda, não direi nada antes de amanhã! Você precisa concentrar-se em sua apresentação. — Vendo sua curiosidade exagerada, concluiu, para despistá-lo — Eu preciso conversar com a minha tia sobre nós.

— Ainda não disse nada para ela? — sondou ele, desanimado. — Achei que já tivesse preparado os ânimos dela para a minha proposta.

Leandra apanhou um talinho de grama e ficou roçando com os dedos, denotando certa ansiedade. Ficou introspectiva por alguns segundos, que ele soube esperar, depois lhe disse:

— Rodrigo! Preciso lhe perguntar uma coisa... Qual é o tamanho do seu amor por mim? Acredita que venceria qualquer obstáculo para estar ao meu lado? — Depositou seus olhos expressivos nos dele.

— Claro que sim, meu amor! Por você venceria o mundo. Mas por que pergunta isso? Acha que sua tia se oporá à nossa união?

— Não temo por isso. Tenho medo da sua reação ao conhecer a minha casa — Seus olhos encheram-se de pesar.

O rapaz a abraçou complacente, imaginando que estivesse fazendo referência a sua posição social, e foi ao seu socorro.

— Saiba que minha família também é bastante humilde. Meus recursos materiais não são dos melhores. Mas sou um lutador, Leandra. Vou lhe dar uma vida digna. — Conduziu o rosto dela delicadamente para junto do seu e sussurrou. — Você é a mulher da minha vida! Não importa de que família venha ou sua condição... Seremos felizes juntos! — Vendo-a confortada com as suas palavras, admirou suas belas e doces feições. Sentiu-se envolver por uma onda elevada de paz e ternura. Beijou os lábios de sua amada com ardor, transmitindo-lhe no gesto a grandeza de seus propósitos e a elevada estima. A jovem sentiu-se mais tranquila, retribuindo ao carinho.

Estavam envoltos num halo de luz, em que ocorria uma sutil permuta energética de partículas invisíveis aos olhos humanos. A luz que emanava da moça ganhava uma tonalidade própria, enriquecendo-se das características predominantes no universo feminino, e, no rapaz, o mesmo processo se desenrolava, e as mínimas partículas se juntavam àquelas do universo masculino. Logo após, essas ondas misturavam-se, proporcionando um equilíbrio energético aos companheiros, causando a sensação de um imenso bem-estar.

Assim se processa a permuta energética dos parceiros amorosos, que estagiam na esfera evolutiva de nosso planeta. É desse modo que muitos homens e mulheres encontram maior equilíbrio emocional, ao constituírem matrimônio por laços de amor. Conforme avançamos em evolução, no transcorrer das sucessivas vidas e na transitoriedade dos papéis, esse equilíbrio entre o masculino e o feminino se desenvolve no íntimo de cada indivíduo, que, vencendo as imposições das tendências sensuais, alcança o regozijo de ter as características de cada sexo em equilíbrio no próprio espírito. Sublimam-se os relacionamentos amorosos, reconhecendo-se todos os seres como irmãos. Daí a expressão nem tão correta de que "os anjos não tem sexo". Em verdade, durante as múltiplas reencarnações, estagiaram em ambos os sexos e galgaram um patamar em que não há predominância de características, manifestando-se ambas em perfeito equilíbrio no mesmo ser.

Se o equilíbrio é estabelecido na permuta energética amorosa, o desequilíbrio obedece à mesma lógica, só que inversa. O desequilíbrio é percebido tanto nas relações sexuais sem amor, em que a permuta energética é feita conforme a natureza dos sentimentos envolvidos, quanto nos rompimentos traumáticos das relações amorosas, em que o cônjuge preterido, deixado à mercê da privação energética, pode não suportar emocionalmente a dor moral, desencadeando condutas exageradas e malefícios, inclusive psicossomáticos.

Após a troca de carícias, divagaram sobre o futuro, prometeram-se e compartilharam sonhos, que pareciam se formar sobre os pomares do vale, numa imensa tela projetiva. E cada um a seu modo estampava delicadamente em narrativas as cores e formas daquele tempo remoto.

Ela o deixou na *plaza* para o treino derradeiro, deu-lhe um beijo de despedida. Rodrigo, segurando sua mão, indagou apreensivo.

— Não virá me ver amanhã?

— Meu amor, se não se importar, gostaria de vê-lo após o espetáculo. Fico apreensiva com as touradas. Confesso que preferiria que tivesse um ofício menos arriscado.

Ele estava contrariado, mas não queria ser firme demais com ela e ponderou:

— Ao menos virá me desejar boa sorte?

— Claro que sim! A que horas será a sua apresentação?

— Às cinco horas da tarde!

— Então poderíamos almoçar juntos. Ficamos o tempo que puder. O que acha? – sugeriu, oferecendo-lhe um largo sorriso.

— Ótimo! Esperarei por você no mesmo lugar.

Ele a levou para trás de uma árvore secular, para beijá-la longe da vista dos transeuntes.

Gomez estava atravessando a rua do *Arenal* e, vendo-os, recostou-se numa diligência estacionada. Sentiu o ódio tomar-lhe a mente, estreitando assim os laços perispirituais com Lateefah, que também os observava, dizendo-lhe "Eles vão ficar juntos se você não fizer alguma coisa. Aquela falsa vai ser feliz. E você, que foi traído, vai ficar sozinho!"

Ela dizia aquelas afirmativas e ficava observando a reação dele. Gomez cerrou os dentes, e cobriu a boca com a mão, assumindo postura reflexiva, como se precisasse responder ao estímulo mental e estivesse escolhendo a melhor solução. Ela persistia. "Viu como ela beija o outro? Você nunca teve o amor dela... Ela só te usou!". Da sua mente enfermiça partiam emanações escuras que envenenavam a mente do *rejoneador*, turvando-lhe o raciocínio, deixando-o mais passional. "Além disso, é bem capaz que eles se casem e fiquem com a fazenda do seu pai. Vão tirar tudo o que é seu por direito!" – Gomez, furioso, arrancou o chapéu. Esperou Leandra ir embora e aproximou-se de Rodrigo.

– Rodrigo! – chamou ofegante. – Preciso saber de uma coisa...

– Olá, Ramirez! O que precisa saber?

– Essa moça que acaba de deixá-lo é a sua futura noiva?

– Sim, é Leandra! Por que, conhece-a?

– É sobre isso que preciso lhe falar. Tem alguns minutos?

– Tenho o treino, agora. Mas me diga do que se trata!

– Não posso falar assim, amigo. Podemos conversar logo após? Eu espero você terminar! – Gomez imprimiu na voz uma dissimulada prudência.

– Está bem! Mas está me deixando apreensivo!

– Acalme-se, eu explicarei tudo depois. Espero por você na taberna! – disse isso e se virou, retirando-se enquanto acenava.

– Daqui uma hora, na taberna – confirmou o toureiro, em alta voz.

Gomez foi até a Casa das Acácias, para saber da programação noturna. Pegou um dos cartazes feitos por Leandra, enrolou e voltou para a taberna. Pediu um jarro de vinho, que veio no recipiente de barro. Deu um gole e saboreou lentamente. Foi construindo as palavras com as quais iria revelar o plano, arquitetando os trejeitos para transparecer, ao amigo recente, uma lealdade que não lhe conferia. Vendo Rodrigo adentrar no recinto, esbaforido, ajeitou-se na banqueta e pediu uma caneca para beberem. Mostrou-lhe o assento e foi incisivo.

— Relutei um pouco em lhe dizer tudo o que vou revelar. Sugiro que beba um trago para receber as notícias de que sou portador.

Rodrigo aceitou a bebida, sorveu-a e sem lhe tirar os olhos insistiu:

— Diga logo. Estou aflito com tanto mistério!

— Como *caballero*, me compadeço da sua desonra, e não posso permitir que você seja enganado! Veja este cartaz!

O rapaz arrancou a folha da mão do *rejoneador* e olhou sem entender:

— O que é isso? Sou iletrado! Não compreendo.

— Essa é a casa de Leandra! Ela dança lá todas as noites.

Rodrigo o agarrou pelas lapelas do casaco.

— O que está insinuando, seu *trasto*? Quer difamar minha noiva?

— Me solte agora, seu *ninãto*! Estou a te ajudar, não vê? Não é comigo que deve bradar. Se duvidas de mim, eu lhe mostro!

Rodrigo levantou-se, empurrando as cadeiras.

— Então me mostre agora!

— Senta! Vai ter que esperar a noite. Se for lá agora não saberá da verdade! — Fez uma pausa, aguardando que Rodrigo retomasse o assento, e prosseguiu. — Se ela está te enganando há tempo, não é burra, e inventará uma desculpa qualquer.

Terá que ver com os próprios olhos. Beba! Eu te contarei detalhes, se quiser.

    Rodrigo não queria aceitar aquela verdade, teve ímpetos de surrar o difamador, mas diante das provas que lhe prometia apresentar, e não podendo apurar os fatos de outra maneira, cedeu à imposição das circunstâncias. Começou a beber numa tentativa de arrancar de si a dor que despontava impiedosa em seu peito. Lembrou-se da moça dizendo que queria conversar com ele após as touradas do domingo. Suas suspeitas foram ganhando em força. Voltou no tempo, às ocasiões em que se ofereceu para acompanhá-la até em casa, e que ela recusou. A suavidade do amor de horas atrás foi se transformando em revolta, como ondas imensas crescem diante de um abalo sísmico, invadindo as terras antes seguras. O íntimo do rapaz foi sendo inundado por um mar de angústia e pesar. E ele sorvia o calmante, agarrando-se as tábuas paupérrimas dos destroços do seu amor, que antes lhe parecia tão forte e magnânimo, tentando com isso sedar os sentidos e salvar-se da turbulência, alcançando as areias alvas e movediças dos entorpecentes.

    Saíram da taberna, e Gomez tentou fazê-lo recobrar o ânimo abatido. Estava embriagado, levou-o para o quarto da pensão e lhe impôs um banho.

– Vamos! Não é homem para encarar os fatos? Não queria me bater? Levante-se agora, vou fazer o que lhe prometi!

    Horas depois, desperto de uma sonolência angustiante, Rodrigo sentia a cabeça pesar, e as pernas fraquejavam, mas queria saber da verdade sobre Leandra. Vestiu-se e seguiu

Gomez até a Casa das Acácias. Antes de seguirem, contudo, Gomez o empurrou contra a parede e afirmou:

— Não quero saber de escândalos! Conheço a dona da casa e não vou admitir que lhe cause prejuízos. A condição para que eu o leve até lá é que veja o que tem que ver e deixe para falar com ela fora dali! — Ficou esperando que ele se comprometesse.

— Está bem! Vou me conter!

— Então, vamos! Vai começar a apresentação. Não quero que perca nenhum detalhe.

Se Rodrigo não estivesse tão atordoado com a ressaca, poderia ver o sorriso enigmático que despontou na face de seu condutor.

Chegaram à Casa das Acácia e buscaram uma posição mais reservada. Gomez apagou a vela que iluminava a mesa e se dispuseram a esperar. Rodrigo trazia o semblante pálido, os cabelos desgrenhados, as mãos estavam gélidas pela ansiedade. Iniciada a dança, no momento em que Leandra entrou em cena, o moço fez menção de levantar-se. Gomez o agarrou pelo braço e ditou:

— Nem pense nisso! Veja!

O toureiro aquietou-se e, assistindo ao espetáculo, notou que Leandra estava maquiada, com uma roupa provocante, muito diferente da moça doce que pretendia desposar. Ouviu aqueles homens gritarem o nome dela numa desenfreada manifestação de desejo. Ela sorria e apresentava-se com primor. Sentiu grossas lágrimas lhe escorrerem pelo rosto, que enxugava com persistência.

— Quero ir embora daqui, Ramirez!

— Espere um pouco! Não quero que ela o veja!

No término daquela música, em que a dançarina trocaria a indumentária, eles se levantaram e saíram. Gomez aproveitou-se do desalento de Rodrigo e troçou:

— Você me deve desculpas por duvidar de mim!

O toureiro estava calado, a dor se abatera sob ele de tal forma que perdera a vontade, a cabeça lhe doía sobremaneira, e balbuciou:

— Desculpe-me, fui um tolo! Você não teria motivos para mentir. Mas agora preciso adormecer. Sinto-me fraco e confuso.

— Vamos! Faço-lhe companhia até a pensão.

O silêncio insistia em acompanhá-los. Gomez estava ansioso para saber o desfecho daquela história, mas receava demonstrar sua curiosidade, então sugeriu.

— Amanhã passo para conversarmos, se quiser...

Rodrigo apoiou-se nele ao despedir-se, e confessou:

— Estou desesperado! Não sei o que farei com essa dor.

O *rejoneador* agarrou em seus ombros e disse firmemente:

— Esquecerá essa mulher! Ela não merece o seu amor! Amanhã será o seu grande dia, toureiro, descanse e recomponha-se!

— Está bem! Vou tentar dormir.

Entrou no quarto, deitou-se, apoiou o braço na testa e ficou encarando o teto, rememorando cada cena vivida naquele cabaré. Até, por fim, adormecer.

CAPÍTULO 36

A sorte de cada um

UM GOSTO amargo e persistente lhe revirava o estômago. Chegara a hora da tourada. Vestido de toureiro e revestido de pesar trazia na cabeça o chapéu de três pontas e uma leve embriaguez. Rodrigo não foi ao encontro com Leandra. Negava-se a romper o compromisso com a noiva por sentir-se magoado, mas também não saberia prosseguir diante do obstante preconceito. Então, a melhor forma que encontrou para externar a sua desorientação e ferir a amada foi a ausência.

Aceitou a sugestão de Gomez de conversarem na taberna. Lá, ouviu o confessor relatar detalhes da intimidade que teve com a moça. Ele falava como quem exibe um troféu, simbolizando a vitória alcançada pela vingança sobre a fraqueza moral do confidente. Sentia pela amada um decréscimo progressivo de estima, apercebido em cada palavra que Gomez utilizava na descrição dos fatos.

— Agora que afirmou deixá-la, sinto-me mais confortável em lhe dizer o que sei sobre ela – e assim o *rejoneador* discorria sobre detalhes contundentes, feito lâminas agudas umedecidas de letal veneno. E de quando em quando enchia os canecos de vinho, tomando o cuidado de guarnecer com maior abundância o de seu interlocutor.

— Basta, agora! – disse Rodrigo, pondo a mão no jarro. – Sou fraco para a bebida. – Esfregou o rosto com as mãos e constatou um leve adormecimento das bochechas. Desabafou:

— Às vezes parece-me que estamos falando de outra pessoa, e não da moça pela qual me apaixonei. Como nos enganamos com os outros!

Gomez alongou os olhos ariscos sobre o rapaz e concluiu:

— Não podemos esperar muito das pessoas, Rodrigo. Eu mesmo já me decepcionei com uma moça. Ela era linda, amorosa. No entanto, me largou por outro! Isso eu não perdoo!

— É, Ramirez! Não é fácil encontrar alguém especial. – Esticou os olhos para além da vidraça, na esperança de ver a moça transitar pelo passo da ruela. Sorvia haustos de ar, mas não conseguia preencher aquele vazio persistente dentro de si. – Tenho vontade de procurá-la e colocar tudo a limpo! Não vou ter paz enquanto não fizer isso.

O *rejoneador* remexeu-se na banqueta.

— Está louco?! Vai acabar sendo seduzido por ela! Rodrigo, eu conheço esse tipo de mulher. Elas fazem a nossa cabeça. E aí a nossa vida acaba. Seremos apontados na rua como traídos!

Rodrigo espalmou as mãos em negativa, protegendo seus brios de homem.

— Não pretendo reatar-me com ela! Só quero lhe dizer umas boas!

— Aí é com você! Eu não me exporia! Odeio ser motivo de zombaria dos camaradas!

O toureiro, olhando para os pés, deu um suspiro e concluiu:

— Bem, amigo, vou me preparar para a tourada. Depois decido o que fazer! — Deixou a taberna e foi se vestir. Passou pelo altar de Santa Macarena, benzeu-se e aguardou nas antecâmaras da *plaza*. Enquanto isso, acolheu nos dedos um crucifixo que sua mãe lhe dera, sondou o semblante delicado do Messias, tentando atinar-lhe a dor. Beijou o amuleto e o guardou na *chaquetilla*. Condoído, embaralhava as reminiscências, fazendo diferentes combinações, na expectativa de encontrar outra saída. Estava desapontado com a mentira da moça, mas uma voz suave pedia a vez naquela tempestade de raios e trovões, que levara ao naufrágio seus projetos de amor eterno. Esforçava-se em conter a algazarra de seus anseios e ouvi-la, mas a expectativa da apresentação agregava aos sons íntimos o bombear de um dorido e ansioso coração.

Os colegas entravam, saudando-se uns aos outros: "QUE DÍOS REPARTA SUERTE", anunciavam com a frase o início das *lídias*. As vozes de saudação sobrepunham-se aos clarinetes lá fora. Rodrigo reagiu à sentença com introspecção. Apesar de escutá-la por diversas vezes, nunca refletira sobre o seu verdadeiro significado. "Que Deus distribua o melhor a cada um."

Quando o indivíduo atinge um entendimento sobre a justiça divina, compreende ser inútil pedir que o seu contentamento sobreponha-se ao contentamento alheio. Passa a perceber, acima até da razão, que tudo virá na proporção de suas obras. Concentra-se para que elas sejam boas. Confia que delas decorrerão os acontecimentos de sua existência e que nada escapa à justiça suprema. Quem tem fé é serenamente producente. Daí a máxima de Jesus: "A cada um será dado segundo as suas obras".

Amealhou as *banderillas* e o *bastón*, buscando na arena a sua posição. Estava acostumado com a *lídia*, no entanto, ao ver o touro entrar, sentiu o peito arrefecer. O animal estava apavorado e circulou na roda humana golpeando as capas com as *astas*.[22] O touro era um *zaino*,[23] *bien puesto*[24] e *incierto*,[25] provocando com o seu tipo a comoção da plateia, que ecoou num uivo amedrontado, formando uma sincronia involuntária.

O *bandarillero*, seguindo a coreografia, investia o gancho no animal, enquanto o distraía com a capa, e o mesmo faziam os seus pares. Rodrigo estava disperso e sentiu a mão trêmula deixar esquivar duas *bandarillas* ao chão. Sem dar-se conta da proximidade do animal, dobrou o corpo para apanhá-las. Nesse

---

22. Chifres.
23. De pelagem negra e brilhosa.
24. Com chifres bem dispostos.
25. Que não deixa deduzir seus movimentos. (Notas da médium)

ínterim, foi surpreendido pelo Zaino que lhe alvejou a bacia, lançando-lhe ao alto feito um trapo torcido. Caiu zonzo sobre os próprios braços, tendo a sorte de perfurar o abdômen com as lanças antes endereçadas ao touro. O sangue jorrava constante, impregnando a camisa alva. O cerco formou-se para despistar o animal, que tal qual Rodrigo perambulava atordoado no *Arenal*.

O rapaz apoiou-se no gradil para safar-se das investidas do Zaino, mas não tinha forças para transpô-lo. Deixou o corpo enfraquecido escorregar, delineando assim um rastro vermelho na madeira clara, o que evidenciava a extensão de seus ferimentos. Os expectadores se impressionaram com a cena do sangue humano marcando a parede da arena, que até então só provara do sangue bovino. Os organizadores do evento aceleraram a retirada do rapaz para a sala de emergência, que deveria ser uma enfermaria, se não fosse tão desprovida do aparato necessário para estancar um ferimento de tamanha gravidade.

– Chamem um médico! – gritavam os auxiliares que tentavam conter a hemorragia. Comprimiam-lhe o abdômen com os trapos embebidos no iodo, os quais eram rapidamente tingidos pelo mais vivo escarlate. Gradativamente, os panos sujos se amontoavam, ao redor do tronco seminu do rapaz, que ganhava acentuada palidez.

– Sinto frio! Sinto frio! – afirmava Rodrigo, entre golfadas de sangue.

O assistente o envolvia com uma coberta, e outros faziam fricções nas extremidades de seu corpo. O clínico chegou tempos depois, fez algumas manobras para reanimar o acidentado, que quase não correspondia aos estímulos.

Houve um lapso de tempo em que as vozes do recinto foram se distanciando dele. A sonolência imperiosa do corpo refletia em seu espírito numa incontrolável perturbação. Ouviu um dos colaboradores chamar:

– Não durma, Rodrigo! Acorde!

Mas para ele era impossível atender ao chamado. Aquela voz suave que tentou lhe falar minutos antes de seu ingresso na arena, agora estava a sós com ele, compartilhando daquele momento único em sua vida. Ela acariciava os seus cabelos e sugeria.

– *Rodrigo, está me ouvindo, querido?*

– *Quem está me chamando?* – Atordoado pelas dores abdominais, e submerso na intensa sensação de frio e torpor, balançava a cabeça sem conseguir abrir os olhos.

– *Abra os olhos* – sussurrou com docilidade.

– *Um anjo?! Meu Deus! Acaso estou morto?* – desesperou-se.

– *Não, meu filho, está mais vivo do que antes! Beba esse remédio para aliviar as suas dores. Repouse, agora. Você está amparado!*

Agarrou-se àquela esperança de alívio e adormeceu, para despertar mais tarde, em outra dimensão.

CAPÍTULO 37

A dor da morte

ELA O AGUARDAVA como o combinado, na porta arcada do Arenal. A ansiedade avançava em seu ânimo, como faz a maré na sizígia.[26] Começou a considerar, pelo atraso, que Rodrigo não viria ao encontro. Decidiu passar pela Pensão das Flores, conferindo o motivo da ausência, temia por seu estado de saúde ou impedimento maior. Obteve do hoteleiro a informação perseguida:

— Ele saiu agora há pouco, com um colega.

— O senhor sabe se foram para perto?

O rapaz olhou a moça, desconfiado. Ela, tentando convencê-la, foi esclarecendo:

— É que Rodrigo marcou comigo! Fiquei preocupada que algo tivesse lhe ocorrido.

---

26. Nas Luas nova e cheia, as marés lunares e solares reforçam uma à outra, produzindo as maiores marés altas e as menores marés baixas. (Nota da médium)

— Ele parecia bem. Acho que foi fazer o *tentempié*[27] em alguma taberna!

— *Gracias!* — Saiu desapontada da hospedaria, mas ainda passou do local combinado, demorando-se ali por mais um tempo. Enquanto aguardava, o pensamento servia de porto a várias conjecturas. "Será que descobriu sobre mim? Mas Rodrigo tem caráter, não me deixaria sem notícias. Parecia tão importante para ele que eu lhe desejasse boa sorte. Meu Deus, o que faço? Nas touradas deve haver muitos frequentadores da Casa das Acácias. Não posso me expor antes de lhe contar toda a verdade!"

Pelo avançado da hora desistiu de esperar. Foi para a Casa das Acácias, onde providências a aguardavam, resolvida a procurá-lo no término das apresentações. O tempo da espera lhe parecia um fardo insuportável, causando-lhe a sensação de alargamento dos minutos, impingindo à cronologia uma dimensão superior à realidade. Tentou se entreter com os ensaios e nas conversações com as colegas. Mas deixava, ora e outra, o olhar disperso. A ideia de ele haver descoberto a verdade sobre si a assustava em demasia. Ainda mais por não lhe reservar direito à resposta. Tentava se consolar, convencendo-se de que o rapaz havia sido descortês, furtando-se ao encontro, talvez por haver se entretido na conversa com os amigos.

O torvelinho de ideias incomodava-a. Ergueu-se da cadeira e pôs-se a dançar. Convenceu o músico a dar-lhe o acompanhamento com a viola, estabelecendo um duelo entre as cordas

---

27. Refeição entre o desjejum e o almoço. (Nota da médium)

e as palmas. Outras colegas se deixaram levar pela euforia da moça, que estampava o desejo de sobressair-se, despistando a tristeza e a ansiedade. Formou-se um pequeno grupo de dançarinas, dando azo aos rodopios e ao trepidar das saias. As cismas, feito plumas, dispersavam-se pela ventarola dos corpos ao embalo da música. Quando o riso era geral, rompendo a harmonia do bailado, ouviu-se a voz grave de Gomez.

– Leandra! – bradou ele.

Ela, ainda ofegante e exalando por todos os poros sua emoção, foi atingida por uma onda gélida. Parou no meio do movimento e foi largando as saias lentamente. A estranheza dela se apoiava no voto de silêncio que se estabelecera entre eles desde o rompimento.

– Preciso lhe falar a sós! É urgente! – continuou ele, inflexível.

Leandra desceu do tablado e aceitou subir ao quarto com ele. Gomez a seguia pela escada e corredor, enquanto ela, intrigada, oferecia-lhe olhadelas, na tentativa de adivinhar-lhe os motivos. Já no cômodo, com a porta cerrada, a dançarina fixou-se altiva, pedindo a explicação.

– Serei breve! – começou ele. – Eu soube do seu namoro com o toureiro!

A moça sentiu uma pontada lhe fisgar a boca do estômago. Arregalou os olhos e continuou emudecida, ouvindo-o discorrer.

– Por coincidência, eu e Rodrigo trabalhávamos na mesma equipe, e ele veio se consultar comigo a respeito de um compromisso, que intencionava selar com uma sevilhana.

– Você não... – começou a falar indignada, sendo interrompida por ele.

– Eu disse tudo o que eu sabia para ele! Somos homens, devemo-nos lealdade.

Ela avançou sobre ele, já fora de si. Entre uma tentativa e outra de esbofeteá-lo, proferia aos gritos.

– *Desgraciado*! Você nunca foi leal a ninguém! Quis acabar com a minha vida! Eu te odeio, Gomez!

Ele segurou seus braços, encarando-a.

– Você é a culpada de tudo! Sua mentirosa! Eu ainda não acabei de lhe dizer!

A moça respirava com afetação, como se o ódio lhe obstruísse a passagem de ar. Presa pelos braços, projetava com a força de sua alma toda a cólera de que estava acometida. Gomez continuou a revelação.

– E tem mais uma coisa. É melhor que se acalme.

– Diga logo, seu *desdichado*! O que lhe falta dizer? Qual desgraça poderá ser maior que essa?

– É sobre desgraça que eu vim lhe falar!

Ela afrouxou o rigor que impunha até então aos braços, permitindo que ele a soltasse. Ficou transfigurada como se um pressentimento lhe assombrasse o espírito. E o ouviu dizer, friamente:

– O seu amante está morto! Foi ferido fatalmente na tourada!

De sua garganta saiu fraquejada apenas uma palavra:

– Não! – E, sucessivamente, outras iguais se seguiram. – Não... Não...

Gomez a agarrou para que não tombasse ao chão. Olhou para aqueles olhos que comumente se assemelhavam a um farol e encontrou somente uma chama bruxuleante, mas mesmo assim disse a ela:

– Você mereceu!

Aquela acusação derradeira ecoava em sua mente em total desalinho. Prostrada sobre o tapete, tentava assimilar aquela realidade, que se entranhava feito sujidade em águas límpidas, turvando o seu coração venturoso com a desdita. Gomez saiu pela porta do quarto e encontrou Lucélia, que fora atraída pelos gritos da amiga. O rapaz disse-lhe contra a vontade:

– Ela vai precisar de você!

Lucélia sentou-se ao lado da amiga como uma boa ouvinte.

– Ele está morto, Lucélia! Será verdade?

– Se fala do toureiro... Acabamos de ter a confirmação pelo Almeida. Ele estava na tourada e viu quando o retiraram gravemente ferido.

– Está doendo muito, Lucélia! O que faço com essa dor?

A amiga compadeceu-se profundamente, e afagando o seu rosto, disse-lhe:

– Chore, Leandra! Ponha essa dor para fora! Não há o que fazer!

E assim ela fez por um longo tempo, até que, exaurida, adormeceu. Teve sonhos tumultuados, e não conseguiu repousar o corpo. Acordou reflexiva e ergueu-se da cama decidida a fazer algo que lhe atenuasse o sofrimento. Vestiu-se e arrematou a aparência com um *chal,* recompondo a falta de primor com os cabelos. Desceu as escadarias e ganhou a rua com avidez até alcançar as portas da *plaza,* que naquela hora estavam cerradas para a manutenção.

Chamou por alguém que perambulava pelo lado de dentro.

– Senhor! Por favor!

Ele aproximou-se da fresta que formava o portão com as paredes rústicas. Fez um gesto de indagação, com as sobrancelhas. Ela, tendo-o próxima de si, pediu respeitosamente.

– Preciso muito entrar.

– Estamos fechados para a limpeza, senhorita! O que quer?

– Eu compreendo! Mas, por caridade, permita-me ver o local do acidente de ontem! Eu prometo que serei breve.

Ele abriu do portão só um vão, deparou-se com o seu rosto dorido e perguntou:

– É parente do morto?

– Ele era o meu noivo – disse ela, contendo a emoção.

– Está bem! Eu levo você até lá! – Aguardou que ela atravessasse os beirais da porta e fechou-a. O ancião andava como se tivesse a bacia desnivelada, causando um maior trepidar nas chaves. Fitou-a por baixo dos tufos grisalhos, que compunham seus supercílios, inquirindo-a.

– Só soube hoje do acontecido?

– Não! Soube à noitinha!

Atravessaram as fileiras de cadeiras que davam forma àquela arquibancada. E ele procurava nas chaves a de encaixe para a porta de acesso ao núcleo. Agora, era a vez de ela perguntar:

– O senhor viu o acidente?

– Não vi! Mas me disseram como se deu! Sorte a sua não estar aqui na hora – Receou implicar-lhe em comoção e remendou: – Deus é muito bom. Poupa-nos de maiores sofrimentos.

– O senhor poderia me contar? – Percebendo a resistência do zelador, esclareceu. – Lamentei muito a impossibilidade de estar junto dele durante a sua morte. Talvez, se eu soubesse dos fatos, amenizaria em parte a minha dor.

O velho, compadecido, começou a discorrer sobre o momento do acidente, velando as palavras. Ela ouvia a tudo com atenção, sem, no entanto, conter as lágrimas, que copiosas marcavam-lhe a face.

– Foi exatamente aqui, onde o rapaz se recostou, até chegar a equipe de socorro. – apontou, acabrunhado, a mancha ressequida de sangue.

– Obrigada! Poderia me deixar a sós por alguns minutos? – pediu a moça.

– Tudo bem! Qualquer coisa é só chamar. Meu nome é Olavo! – Fez a marcha irregular, em regresso às repartições, deixando-a na companhia das reminiscências.

Por razões que desconhecia, acreditava que estaria mais próxima de Rodrigo se entrasse em contato com os vestígios de sua morte. Olhou para aquela nódoa de sangue, imaginando a dor a que se submetera o amado. Percorreu os arredores com os olhos, articulando mentalmente os instantes finais da batalha pela vida, segundo as descrições do senhor Olavo. Curvou-se até o solo e recolheu com as mãos uma porção da areia tingida de sangue. Ergueu os olhos ao céu e bradou, em pensamento. "Meu amor, me perdoe! Perdoe-me por não lhe dizer a verdade. Perdoe-me por não protegê-lo de Gomez. Perdoe-me por não merecer viver ao seu lado. Como lamento a sua morte!" Deixou-se abater, num choro compulsivo. O sentimento de culpa lhe subjugava as forças na superação da dor. Após verter um pranto sentido, buscou novamente o celeste, adornado de nuvens esparsas que mal continham o calor do flamejante. Rogou, por fim, em submissão.

— Meu Deus! Ajude-me a superar essa dor!

Nesse instante, abriu-se à suplicante o alívio dos Céus. Um ente querido de outra dimensão, que aguardava oportunidade de melhor acalentá-la, pôde imprimir em sua mente abatida algum conforto. *"Filha amada! O que é a morte para nós, espíritos eternos? Confie em nosso Pai Amoroso e Justo, detentor do nascer e morrer, ciclos da providência que nos fogem à inteligência deficitária"*. Essas palavras afetuosas chegavam à percepção de Leandra, como uma intuição, a voz íntima que vibra com maior ou menor vigor, na medida de nossa sensibilidade. Palavras etéreas enriquecidas do puro amor, que tanto elevam e consolam, tiveram o condão de fazê-la refletir acerca da sabedoria de Deus, estimulando-lhe a confiança em Seus desígnios.

— Querido, onde estiver saiba que o meu amor era sincero! Sabe Deus os motivos de não podermos vivê-lo, na forma em que nos propusemos. Dia virá em que tudo se esclarecerá para nós!

Ergueu-se, tirando da saia os resíduos da areia parda. Deu um último olhar ao local, que ficaria registrado para sempre em sua memória, e voltou-se para o lugar de onde entrou.

Avistando o senhor Olavo, acenou-lhe, fazendo menção de ir embora.

— Como está agora, menina?

— Sinto-me melhor, senhor Olavo! Prestou-me um grande favor. Agora, preciso agir nas mudanças que necessito fazer... — Percebendo nele reciprocidade, pousou as mãos delicadas sobre os ombros cansados do zelador. — Nunca me esquecerei desse momento. *Gracias*, e boa sorte para nós!

— A senhorita é muito jovem e, se me permite dizer, muito bela também! Encontrará um novo amor!

Ela encontrou forças para sorrir e concluiu:

— Há muitas formas de amar. Talvez a vida sempre tenha tentado me dizer o que eu não estava pronta a compreender. Talvez eu ainda não esteja. Mas alguma coisa em mim se modificou. Que eu saiba viver o amor. É o que eu desejo.

Ele a acompanhou até o portão e lá se apoiou, para se despedir, e, sem que ela percebesse, ficou observando alguns instantes até que o seu vulto gracioso se dissipasse na pequena multidão.

CAPÍTULO 38

Alguns efeitos da dor

DONA ACÁCIA fazia a conferência das garrafarias com Almeida. O rapaz dava a conta dos conteúdos dos vidros mais altos, e a *cabaretera* anotava na lista de compras. Assustou-se quando virou e viu Leandra ladeada de bagagens.

— O que está acontecendo aqui? — interpelou a dona do recinto.

— Vim me despedir, Dona Acácia! Será que poderíamos conversar?

— Mas ao que me parece, já está tudo decidido! Vai me deixar!

— Não é nada disso! — Leandra aproximou-se da senhora e, apontando o escritório, sugeriu a conversa. — Podemos?

Ambas ingressaram na saleta, deixando o Almeida suspenso nos degraus da escadinha, que se pudesse trocaria impressões com as malas. Acácia foi logo explanando.

— Se me abandonar durante as festividades das touradas...
— Fez uma pausa para melhor ponderar a sanção, e despejou
— Não lhe darei a participação do mês!

— Poderia me ouvir? — A moça lançou-lhe um olhar profundo e solícito.

— Claro! — Pressionou os lábios instintivamente. — O que houve?

Leandra discorreu sobre os últimos acontecimentos, e, com a voz embargada, falou da morte de Rodrigo. Disse da participação de Gomez no desfecho da trama, ao menos até onde sabia, e arrematou:

— Compreende porque não posso mais ficar aqui? — E antes de ouvir a resposta, completou seus propósitos, descrevendo em profundidade seus sentimentos.

— Alguma coisa em mim morreu junto com Rodrigo! Não acredito que encontrarei aqui o que busco para minha vida! Não quero ter motivos para mentir para mais ninguém. E se ocultei a verdade daquele que pretendia ter como marido, é porque, bem no íntimo, eu mesma não aceito a minha realidade como boa. — Enxugou os olhos marejados, para buscar discernimento. — Quanto ao nosso compromisso. Como posso compensá-la?

Dona Acácia, que se apoiava na mesa, aproximou-se num recurvar, e mirando-a nos olhos, disse:

— Vamos achar uma solução! Você precisa agora cuidar desse coração. — Tocou suavemente o seu peito, sentenciando. — Tem gente que morre disso, sabia? — Riu-se, ostentando o gracejo atenuador. Andou até a porta, e, antes de abri-la, perguntou:

— Para onde vai, Leandra?!

— Não sei ao certo! — Desconcertada, ergueu-se da cadeira, disfarçando a hesitação. — Mas poderia me emprestar sua diligência uma última vez?

Acácia apertou os olhos enquanto escapulia um sorriso malicioso. — Acho que sei o destino... — Ofereceu-lhe um abraço amistoso, e disse baixinho — Se ele não aceitá-la não se envergonhe de voltar... Eu arrumo algum lugar para você. Está bem?

A moça deu um maior apertado ao abraço e fez dele a despedida e o agradecimento.

— Não me esquecerei da sua generosidade. *Gracias!*

Saíram de mãos dadas da saleta e depararam-se com os olhos estatelados de Almeida. Como se ele pudesse absorver, pela visão, os motivos.

— Desça daí, Almeida, e carregue essas malas para a diligência! — ordenou a patroa. — Leve nossa dançarina para onde ela desejar... — Deu um último sorriso à amiga, e concluiu: — Perdoe o meu filho! Do jeito dele, te ama muito! E sabe... Sinto-me responsável por suas falhas de caráter. Afinal, que belo exemplo eu fui para ele!

— Não senhora, Dona Acácia! Cada um é responsável por si. E, além disso, durante o pouco tempo que convivemos, você me deu ótimos exemplos! Por outro lado, concordo que esse ambiente não é nada bom para se criar uma criança. Mas ao menos não o abandonou.

— É! O tempo dirá. Agora vá, antes que eu mude de ideia!

Elas compartilharam um sorriso espargido em lágrimas. E Leandra seguiu na diligência, mudando o seu destino.

Almeida, que conduzia a diligência, indagou do percurso.

— Siga pela rua principal até a Giralda, depois dobre a direita no sentido dos olivais, de lá lhe explico melhor.

Leandra ia abraçada a um cesto macio tecido de embira, e nada dizia. O rapaz tentava ser agradável.

— Sentiremos a sua falta. Dona Acácia nunca teve dançarina melhor!

— Oras, Almeida! Até parece! É questão de tempo! Dessa cidade brotarão mais dançarinas que azeitonas — profetizou, rindo, e logo fechou o cenho.

— A senhorita não está com seu sorriso habitual... — incorreu o condutor na curiosidade humana.

— Certamente, não! A minha vida está de cabeça para baixo. — E sem mais explicações perguntou: — Já serviu no Exército, Almeida? Acaso já teve a sensação de estar caminhando para o território inimigo acenando com um lenço branco?

Ele, sem compreender bem a metáfora, meneou a cabeça em negativo.

— É assim que estou. E você é o meu comboio. Largar-me-á no palco das minhas amarguras. — Deu uma olhadela para ele, e percebendo que nele crescia a indignação, mudou o modo de falar. — Façamos o seguinte, entre por aquela porteira, conheço os donos da fazenda, quando chegarmos à sede, você aguarda um quarto de hora. Se eu não voltar... Você deixa as minhas bagagens e pode ir embora!

Almeida sentia-se fazendo parte de algo maior e, crendo manifestar bravura, complementou com maestria a cena imaginada:

— Se eu ouvir barulho diferente, corro para protegê-la!

Ela riu dos modos do rapaz.

— Nada disso. O único barulho que vai ouvir será dos meus saltos em regresso. A estória do campo de batalha foi brincadeira, Almeida! Nessa casa só se mata a alegria, a esperança, coisas assim, pelas quais ninguém faz romaria, logo, nem se veem morrer.

O rapaz, parando o carro, piscou com persistência e ponderou:

— Não conhecia esse lado da senhorita.

— Nem eu! — disse isso dando meia volta com os globos oculares. — Desculpe-me, estou à beira do cinismo. É a ansiedade. — Desceu da diligência com o auxílio dele. — Torça por mim, Almeida! E obrigada por escutar-me até aqui.

— Boa sorte, senhorita Leandra! Aguardarei por sua dispensa.

— *Gracias*!

Caminhou pela varanda, relembrando no trajeto os detalhes adormecidos na memória. Deparou-se com a janela de seu antigo quarto, e notou que o verniz desgarra-se da madeira, há muito. Ficou mais claro o tempo que se passara até então. Os jardins da propriedade já não recebiam o mesmo cuidado. Até os pássaros emudeceram-se, descorçoados por gorjearem sem plateia, reforçando assim a quietude do cenário.

Ela parou em frente à porta, certificou-se da espera de Almeida e ingressou. Relembrou o cheiro que exalava da madeira cansada dos assoalhos, entrelaçando-se com o odor da tapeçaria. A infância, subtraída pela atmosfera lúgubre, veio-lhe à mente. Atravessou a sala, sentiu que o arrepio antes sutil agora ganhara espaço, avassalando-lhe as sensações. Podia pressentir a presença densa de um deles, a qualquer instante, por trás daquelas paredes adornadas. Ouviu vozes vindas da cozinha e lentamente aproximou-se, buscando a identificação. O cheiro de café fresco denunciava os hábitos enraizados da refeição vespertina.

– Meu Deus! Não acredito! – ressoava a voz de Emiliana, surpresa pela presença de Leandra.

O casal virou-se em sincronia, acompanhando o espanto da serviçal. O Coronel levantou-se, o que fez a sobrinha parar.

– Desculpem-me entrar assim, sem avisar. Não quero atrapalhar o café de vocês.

Os dois estavam boquiabertos, aguardavam, atônitos, o desfecho da visita inesperada. Todos se entreolhavam aflitos, como nos instantes que antecedem a um duelo.

CAPÍTULO 39

O círculo familiar e o passado

AS ALMAS que andam juntas no impositivo círculo familiar, em princípio se unem mais pelo sangue do que pelo amor, apesar de ser esse o fim maior da proximidade. Haverão de vencer em si mesmas as más disposições e os sentimentos contrários à convivência harmônica. Mesmo no esquecimento, as dificuldades residem ainda na memória do espírito e sinalizam a falta de afinidade ou simpatia. Para que possa o leitor compreender a extensão da dificuldade das personagens, faremos um breve retorno ao tempo.

América do Sul, século 15, num povoado andino
Havia um curaca[28] responsável por um povoado de mais de 50 famílias. Além de contar com outras atribuições, ele era

---

28. Cacique de alguns povos indígenas semicivilizados, do Peru, da Bolívia e da Amazônia. (Nota da médium)

o juiz que analisava as contravenções, aplicando em única instância as penalidades previstas no ordenamento de costumes. Não poderia modificar suas decisões, em submissão ao Estado maior representado pelo imperador Inca, porém tinha o arbítrio ao dosar as penas. Seu nome era Taana Kallpa.

Numa das inúmeras audiências, foram trazidos à sua presença pelos militares, uma mulher e seu filho, Huamaluche. Ela aparentava ter duas décadas e meia de vida, e o menino, somente uma. Taana Kallpa estava sentado em seu trono feito de pedra e madeira. Denotava certo cansaço em exercer o arbítrio das contendas. Por outro lado, gostava do poder que possuía. A mulher, trazida prisioneira, não se intimidava na presença do curaca, o que lhe causou irritação. Ela se debatia nos braços de seus condutores, como se quisesse se libertar e avançar contra o soberano. Percebendo a provocação, o curaca ergueu-se de seu trono e quis saber do caso. Um dos guardas foi logo relatando:

— Awnka foi flagrada com um homem casado! Como o senhor sabe, ela tem esse filho, não reconhecido por pai.

A mulher urrava, contrariada com a situação. De algum modo, aguardava uma sentença branda, como se tivesse em haver com curaca. A ré começou a desferir impropérios, e o juiz, temendo perder a força diante do pequeno grupo, preferiu a tomada rápida de decisão, aplicando ao caso a pena máxima. Sentenciou:

— Ela será banida! E o filho será guardado com outra família!

— Não! Não! — gritava ela em desespero. — Peço clemência! Oh, grande curaca! Qualquer pena, menos a privação da convivência com meu filho! Nós iremos embora daqui e não voltaremos mais!

Ele virou-se, indignado, cismando em silêncio. "Agora ela pede clemência, até então desferia impropérios!" Estendeu um olhar de empáfia sobre a pequena família, e manteve a decisão.

— Você não soube respeitar o casamento! Ainda afrontou o soberano do povoado! Conhece a lei, deverá ser isolada de nossa comunidade! Esqueça o seu filho, que para nós representa força de trabalho. Ele será bem cuidado por outra família. — E, por fim, advertiu-a. — Não volte a vê-lo ou a pena será outra!

A mulher foi arrastada para fora, com os braços estendidos para o filho que a chamava em desespero, enquanto era contido por militares.

Após a sentença, o curaca sentou-se no trono e ficou assistindo à cena. Por fim, ordenou que o menino também fosse levado dali. Os olhos infantis transmutaram do desespero à cólera, externavam como fornos, as labaredas da revolta, encarando o chefe da tribo. A vermelhidão da face destacava o branco dos globos oculares, que pareciam saltar da órbita.

O tempo passou, o menino cresceu, e foi à procura da mãe. Mantinham reencontros furtivos, até serem denunciados. No templo do curaca, entrou a guarda local, informando que Awnka fora vista falando com o filho nas cercanias. O cacique, enfurecido, mandou buscá-los. Primeiro trouxeram o rapaz que, ainda retido, aguardava a vinda da mãe. Logo os perseguidores voltaram anunciando que, durante a fuga, a mulher apavorada havia escorregado nas pedras que margeavam a trilha e despencara do alto de uma montanha. Diante da notícia, o filho, temendo represália, nada disse. O magistrado, no entanto, o considerou infrator por reencontrar-se com a mãe, condenando-o ao açoite.

Tempos depois, o filho de Awnka, a adúltera morta em fuga, promoveu uma conspiração com outros jovens da tribo, contra o curaca. Quando Taana Kallpa saía do templo de julgamento, em trajeto para as áreas de cultivo agrícola, para a fiscalização dos serviços, foi pego de tocaia pelos conspiradores, que vinham munidos de lanças, formando em volta dele um círculo. Os aliados de Huamaluche estavam intimidados diante do curaca. Temiam-no mais do que a uma fera, e desse modo desferiram vários golpes com as lanças por todo o seu corpo, até a morte.

O espírito de Taana Kallpa, movido pela vingança, envolveu a todos os conspiradores, obsediando-os. Atiçava uns contra os outros, que começaram a disputar o poder após a morte do curaca. Muitos foram mortos, outros caíram doentes. A aldeia sofreu o princípio do caos, até que a Providência Divina não mais permitiu a interferência do espírito de Taana Kallpa, que atormentado pelo ódio voraz, viu-se aprisionado num cárcere isolado, no plano espiritual. Gritava esbravejando, sedento por vingança. Após muitos anos nessa condição, o sofrimento deu azo à modificação, dando-lhe uma oportunidade de reencarnar em terras árabes, como uma mulher escrava.

Nessa vida, resgatou os sofrimentos causados aos seus súditos quando detinha o poder. Essa escrava tinha o nome de Mawyah, uma reencarnação pregressa de Leandra.

Huamaluche, o menino "injustiçado", que cresceu alimentando a vingança, planejando e executando a morte do curaca, também foi condenado pelo novo líder, à pena de morte, por conspiração. Sediou as regiões umbralinas, reencarnou algumas vezes, e posteriormente renasceu na Espanha, com o nome de Antonio Rodriguez.

Awnka, a mulher adúltera que desencarnou na queda no penhasco, desse modo resgatando um desatino do pretérito, quando entregara a um membro do clero a sorte de seu filho bastardo e recém-nascido, na época do feudalismo europeu. O guardião da criança, seguindo a tradição local, jogou-a do penhasco, na tentativa de encobrir o adultério da nobre. Após alguns anos na erraticidade, teve outras reencarnações, até solicitar nova oportunidade ao lado do filho, que seria agora o seu companheiro, reencarnando, assim, como Leonor Rodriguez.

Leonor, ao reencontrar-se com Taana Kalpa, na forma de sua sobrinha, sentiu uma repulsa "inexplicável". Tudo o que é inexplicável causa indignação. É da natureza humana a necessidade de encontrar as causas para os sentimentos, e, na maioria das vezes, projetamos essas causas em nossos semelhantes, de modo a distribuirmos a responsabilidade que nos cabe. A falta de perdão de Leonor diante do esquecimento que ameniza, traduzia-se em sentimentos de repulsa e medo inconsciente de que Leandra a separasse de Antonio. Por isso mesmo, perscrutava os motivos no comportamento da sobrinha.

Conforme Leandra crescia e ganhava formosura, percebendo-lhe o temperamento e a vaidade, Leonor entendeu ser a beleza a arma de que a sobrinha se utilizaria para separar os dois. Esse receio cresceu diante da debilidade do marido em sua conduta, e transformou-se em ideia fixa, diante da obsessão exercida por Lateefah. Afastar Leandra do convívio dos dois parecia ser a única saída, para se libertar do medo.

Antonio, no entanto, já se mostrava mais receptivo à sobrinha, pois trazia em seu espírito a necessidade de reparação pelo homicídio que engendrara. Convivendo com o temor de Leonor, influenciou-se, por ainda guardar ressentimentos no inconsciente. Daí a falta de energia para fazer o que era certo, aceitar e acolher amorosamente seu antigo desafeto do passado.

Todos agora estavam diante da convivência estreita nos laços de família. Essa encarnação representava oportunidade bendita de perdão e entendimento. Após o resgate dos sofrimentos que causamos, temos a oportunidade da reparação com os prejudicados, que acontecerá pelo exercício do Amor.

CAPÍTULO 40

As provas da vida

SERÁ LIVRE NA escolha e responsável nos resultados. Eleva-se no entendimento, alcançando melhores escolhas e maior responsabilidade. Quantos persistem em manterem-se nas trevas, por temerem as tarefas da luz! Mas se quiser viver a felicidade, haverá de enfrentar as suas provas e vencê-las. Essa é a lei da suprema justiça, aplicada pelo tribunal da consciência. A cada um será dado segundo as suas obras.

Diante do silêncio, Emiliana, desconcertada, espalmava o ar como quem manipula a massa do pão.

– Toma um café, Leandra?

A moça dedicou-lhe um breve sorriso e agradeceu. O tio entreolhou Leonor e reforçou a sugestão de Emiliana.

– Sente-se conosco, Leandra! Conversemos.

– Obrigada, tio! Mas tenho uma diligência me aguardando. Preciso ser breve.

A cada fração de tempo Leandra dava uma olhadela para a tia, que permanecia imóvel, com os olhos enfiados na xícara.

– Libere o condutor. Se for preciso, providencio nova diligência para você! – insistiu o tio.

Emiliana, percebendo a dificuldade dos egos exaltados, se adiantou em providência:

– Eu libero a diligência!

Caminhou depressa, em pequenos saltinhos, fugindo assim de qualquer resistência ao seu propósito.

Antonio sentou-se, estimulando Leandra a fazer o mesmo, o que deu certo. Ela não sabia como começar a falar, em virtude da frieza da tia. O Coronel, percebendo a dificuldade, tentou ser amistoso:

– Aconteceu algo que deseja nos contar?

– Decidi sair da Casa das Acácias! Na verdade, não sei ao certo para onde ir. Apesar de tudo, vocês representam o que resta da minha família. – A sua voz, a essa altura, já ia embargada pela emoção. Tentou recompor-se, o que fez com certa dificuldade.

Leonor ouvia a tudo em silêncio, mas a sua mente parecia um palco de intempéries, os temores do passado agitavam-se em altas ondas, levando para longe a sua vida cômoda e pacata. Aquela moça representava um tormento, mesmo após tanto tempo, não acreditava que ela teria o despropósito de regressar. Ainda mais agora que sabia de seus desatinos de conduta, vivendo como uma rameira. Mas, por outro lado, admirava-lhe a coragem de falar abertamente sobre a sua realidade e da disposição em modificá-la.

— O que a fez decidir sair de lá? — questionou o tio.

Leandra, percebendo a despretensão da pergunta, discorreu para eles as experiências vividas até então.

O tio sensibilizou-se com a dor retratada nos quadros apresentados. E transparecendo na atitude receptiva o quanto Leandra já fora objeto de debates entre o casal, falou abertamente e sem delongas:

— Se quiser, poderá morar aqui na fazenda. Quando fui buscá-la no convento... — Fez a pausa habitual, daqueles que mentalmente reproduzem as imagens pretéritas. — Nós havíamos preparado um novo lar para você. Fica perto daqui. — Pausou o raciocínio e concluiu, redarguindo aos próprios argumentos íntimos, pois este não era o verdadeiro motivo:

— Lá, terá maior privacidade...

Leandra sentiu um alívio percorrer-lhe as entranhas, mas ficou encarando a tia, na expectativa de adivinhar-lhe as disposições.

O tio, percebendo a necessidade do consentimento expresso da mulher, inquiriu-a.

— O que acha, Leonor?

Ela pousou os seus olhos espremidos nos dele e disse, sucinta:

— Como quiser, Antonio!

— Ótimo! Vamos! Quero lhe mostrar a casa.

Fez a volta na mesa e foi abrindo o caminho com os braços, gesticulando em detalhes a localização do novo lar de Leandra.

A moça, que a princípio seguia o tio, parou na porta da cozinha e voltou-se para Leonor:

– Obrigada, tia!

Leonor apenas meneou sutilmente a cabeça, em concordância, sem, contudo, encará-la.

O Coronel deu um meio sorriso, disfarçando a dureza da mulher.

– Vamos? – Pousou, indeciso, a mão em seu ombro.

Ela sorriu abertamente para ele, retribuindo ao carinho.

– Vamos, então!

CAPÍTULO 41

No plano maior

"A morte e a vida andam juntas,
num vai e vem de portas, ao longo da existência infinita.
No germinar e fenecer da flor,
que flui num liame de amor.
No alongamento do sol percorrendo o alto terreno,
surgindo e ressurgindo no além-mar.
No acordar e dormir,
em que o espírito por um fio rodopia na imensidade.
Morremos em vida na inércia da missão,
e renascemos na libertação.
Não titubeie, a morte existe em coexistência com a vida,
porque ambas representam mudanças,
posto que somos eternos, e caminhamos sempre.
A morte que cerceia a presença,
distanciando-nos dos afetos e da realização,
acontece independente do cessar biológico,

todas as vezes em que desistimos de lutar por nós.
Porque no combate ascendemos ao Pai.
Olhe e veja uma multidão de descrentes...
Adormecer para Deus é a verdadeira morte."

— O QUE SE passa comigo? — Rodrigo perguntou a Celeste.

Ela o olhava complacente, e absteve-se de concluir por ele. Inquirindo, esclarecia:

— *Olhe ao redor. Onde se encontra?*

— *Num hospital?* — questionou o rapaz.

— *Na ala de recuperação de uma colônia espiritual. Que para você assemelha-se a um hospital!*

— *Mas, Celeste... Não consigo me recuperar desta hemorragia. Por mais que eu me esforce.*

— *Não é questão de esforço, mas sim de perdão* — ponderou a orientadora.

— *Perdão?! Não culpo a ninguém pelo meu estado! A quem devo perdoar?*

Dirigiu-lhe um olhar expressivo, fazendo-o buscar mais intimamente a causa. Após perceber-lhe a reflexão, prosseguiu.

— *Rodrigo, você já sabe que desencarnou. Sabe que o sangue é um fluido do corpo físico. Esse desconforto que sente em seu abdômen não está relacionado ao ferimento do corpo! O que sangra então? Precisa perdoar aquele que está sendo punido por você, de um modo inconsciente. A quem você está punindo, Rodrigo?*

Ele abaixou a cabeça e começou a chorar.

– *Compreendo. Não consigo me perdoar!* – Cobriu o rosto com as mãos e entregou-se a um choro comovido. Após alguns instantes, ergueu o semblante sofrido e falou a esmo. – *Meu Deus! O que fiz a mim mesmo? Se não tivesse tão transtornado e embriagado. Não cometeria o erro que cometi. Estaria vivo junto das pessoas que amo! Como fui imprudente. O que faço agora, Celeste? Como reparar tamanho erro? Deus me perdoará?*

– *Acalme-se, querido! Agora que compreende a causa do seu sofrimento, perdoe a sua falta e mude! Quanto a Deus... Nosso Pai é todo Amor! Não lhe enviou o socorro e a assistência de que necessita? Deus perdoa sempre, Rodrigo! A nossa consciência é que nos cobra. Para que se recupere melhor o primeiro passo já foi dado: autoconhecimento! Agora, deverá perdoar! E isso poderá fazer auxiliando.*

– *Como poderei auxiliar, se estou deitado nesse leito?*

– *Deixarei você entregue a essa reflexão. Amanhã virei aqui, para vê-lo!* – Beijou-lhe a mão e saiu.

Vendo-a sair, ficou introspectivo, lembrando-se de alguns acontecimentos que antecederam a sua morte. Sentiu uma pontada no estômago, e a cabeça pesar. Pensou no que Celeste disse sobre Deus e teve a iniciativa de orar.

– *Pai, perdoe-me o desatino! Permita-me a cura para que eu possa me modificar! Quero compreender melhor as coisas. Conforte a minha família, que deve estar sofrendo por minha causa.*

Lembrou-se de Leandra, mas não soube como colocá-la em suas preces. Mergulhou num pranto, como quem busca desvendar as profundezas de um lago. Adormeceu assim, despertando com o cantar dos pássaros.

– *Bom dia, Rodrigo!* – anunciou a auxiliar, trazendo-lhe um suco.

Ele a olhava assustado, e indagou:

– *O que é isso? Sinto fome, mas não posso engolir nada!* – E passando a mão sobre a barriga, buscou o ferimento, que para a sua surpresa havia desaparecido. – *Eu estou curado!* – disse, exultante.

A enfermeira sorriu e completou:

– *Parece que sim!* – Entregou-lhe o recipiente e aguardou que ingerisse. – *Se estiver fortalecido, poderá dar o primeiro passeio no jardim!*

Rodrigo sorria motivado: – *Estarei, irmã! Estarei!*

À tarde, Celeste regressou, como prometera. Entrou no quarto sorrindo, já sabendo das novidades.

– *Que bom vê-lo curado! Agora, faremos um passeio juntos. Sente-se disposto?*

– *Muito! Ansioso até!* – descreveu-se.

Ela sorriu com o que ele disse.

– *Eu ajudo você a descer do leito.*

Caminharam lentamente pelos corredores da ala de recuperação. Ele alongava os olhos para dentro dos quartos, e interessava-se pelo estado dos outros irmãos. Ela lhe contava alguns casos, que o ajudariam no próprio esclarecimento. Alcançaram um lindo jardim. Rodrigo sentiu-se profundamente admirado com a leveza das cores e aromas de diversas flores.

O frescor exalava dos arbustos e árvores, transmitindo-lhe maior vigor. Respirou profundamente e sentiu alívio por não sofrer ao respirar.

– Celeste, Deus é muito bom mesmo! Atendeu às minhas preces. Ontem, quando você saiu do quarto, eu lhe pedi o perdão e a cura! Veja como estou disposto hoje!

– Não existem milagres, Rodrigo! Tudo obedece às leis de Deus. Você se curou porque pediu a Deus, mas, sobretudo, porque reconheceu a causa e a combateu. Modificando-se a causa, alteram-se os resultados. A atitude de autopunição paralisa-nos as melhores providências em nosso favor. Quando erramos, é imprescindível que admitamos o erro e trabalhemos na reparação. Muitos, por outro lado, permanecem cultivando a dor, sob pena de estagnação evolutiva na dor do remorso. O importante é a conduta positiva sempre! E isso vale também em relação aos nossos semelhantes... – Fez uma pausa intencional para que ele pudesse pensar, e depois continuou. – Ontem, disse que orou pedindo o perdão e a cura, o que mais pediu?

– Que meus pais fossem assistidos na dor que eu possa ter-lhes causado!

– Só pediu por eles? – continuou Celeste, reflexiva.

Ele, olhando-a desconcertado, temeu a possibilidade de ser-lhe transparente.

– Só pedi por eles.

– Lembrou-se de mais alguém? Há mais alguém que gostaria de perdoar, Rodrigo?

Ele parou de caminhar e fitou-a:

– *Como pode saber tanto sobre mim?*

Ela sorriu, bondosa.

– *Trabalhando há tanto tempo com os recém-desencarnados, desenvolvemos uma intuição das causas aflitivas. Soube da sua história. Conheço a sua dor! Quer falar a respeito?*

Ele mordeu o lábio e deixou duas lágrimas denunciarem a extensão da dor.

– *Sim, acho que será melhor para o meu restabelecimento.*

Sentaram-se perto de uma graciosa cascata, que o fez lembrar do primeiro passeio a cavalo que fez com Leandra, em que pôde conferir-lhe o perfume e a maciez da pele. Deixou escapar:

– *Eu a amava tanto, Celeste! Por que mentiu para mim?*

– *Amava? Acaso deixamos de amar as pessoas?*

– *Não! Eu a amo muito! Estou magoado! É isso!*

– *Rodrigo, às vezes mentimos sobre as coisas que não sabemos enfrentar. Quanto tempo demorou a cura do seu ferimento? Bastou enfrentar a si mesmo para libertar-se da dor. Todos nós temos as nossas dificuldades. Não seja tão severo com as deficiências alheias. Nós somos os primeiros a necessitar de indulgência.*

Ficou observando cada palavra emitida por Celeste, que se assemelhava à cascata, jorrando frescor e bem-estar. A orientadora, percebendo-o receptivo, prosseguiu. – *Desconhecemos os motivos que envolvem a nossa realidade... Que diremos da realidade do nosso próximo? Jesus já nos dizia: "Não julgueis para não serdes julgados."* – Adivinhando-lhe os pensamentos, esclareceu: – *Posso lhe revelar que a sua desencarnação provocou profundas mudanças em Leandra.*

Ele interessou-se sobremaneira.

– *Você sabe como ela está?*

– *Sim! Mas, por ora, é importante que a perdoe e se fortaleça. Vocês terão a oportunidade de se acertar. Agora você está na espiritualidade, e ela necessita prosseguir na vida terrena.*

Sentindo o coração bater descompassado pela ideia de reencontrá-la, desejou merecer a oportunidade. Celeste, vendo-lhe a alteração psíquica, alertou-o: – *É importante que não fixe o seu pensamento no reencontro com Leandra, isso poderá trazer-lhe desequilíbrio, neste momento. Aceite a distância momentânea como necessária.*

– *Está bem, Celeste! Farei o que me pede.*

Continuaram o caminho entre os alegretes, trocando impressões sobre a nova realidade que aguardava ser descortinada.

CAPÍTULO 42

O prosseguir

OITO ANOS se passaram. As crianças da vizinhança apareciam sempre no meio da tarde, em busca das histórias narradas por ela. Em sua casa, elas teriam o contato primário com a pena e o papel, o carvão e o bloco de desenho. Faziam das garatujas seus grandes feitos, e para eles pediam a aprovação.

– Tia Leandra, o que acha do meu desenho?

– Muito bonito, Aninha! Mas diga a todos o que desenhou!

A criança, acanhada, tentou tapar o meio sorriso com a mão que segurava o lápis. A mestra insistiu com doçura, tirando-lhe a mão da boca.

– Diga, meu bem! Todos nós queremos saber o que desenhou.

A menina encorajou-se, pegou o papel e segurando-o acima de sua cabeça, apontava com o dedinho, dando a explicação:

— Essa é a minha casa. Esse é o meu pai! Ele está cuidando do *Grosella*, que está doente.

As crianças riram com o jeito da menina. A professora deu-lhe um beijo na bochecha e perguntou:

— O que o *Grosella* tem, Aninha?

— O meu pai disse que é a peste!

Leandra lembrou-se de sua infância. O cenário descrito pela menina, com o pai tratando dos bichos doentes, remeteu-a ao passado, sentindo-se novamente no vilarejo dos Pirineus. Suspirou profundamente, e, reunindo o pequeno grupo, fizeram uma oração em agradecimento, pelo lanche e pelo dia, encerrando as atividades. Depois esclareceu:

— Amanhã vamos ler a história dos três reis, que levaram presentes ao menino Jesus.

As crianças se interessaram, esticando os olhinhos sobre as mãos uns dos outros. Saíram alegremente, despedindo-se.

Ainda comovida com a lembrança paterna, sentou-se ao lado da mesinha de escrever. Abriu a gaveta e apanhou um livro de páginas amareladas e maceradas de tanto terem sido folheadas. Abriu a primeira folha e leu, a dedicatória impressa a tinta.

"*Filha amada!*

Esta obra representa a essência do Evangelho *deixado pelo maior de todos os mestres. Deixo a você como prova de todo o meu amor! Se por bem houver vencido a ignorância da sociedade, terá aprendido a ler! E talvez tenha vencido as provas necessárias, terá se mantido amorosa, podendo receber as palavras do peregrino como bálsamo para as feridas e luz para o caminho.*

Acredite! Estarei sempre ao seu lado! Papá."

Logo abaixo releu o título: "O Sermão da Montanha". Fechou os olhos e buscou a inspiração para que pudesse abrir em uma página que lhe trouxesse a melhor reflexão para o momento. E, assim, leu pausadamente.

"Pedi e dar-se-vos-á; buscai, e achareis; batei e abrir-se-vos-á. Pois todo o que pede, recebe; e quem busca, acha; e ao que bate, abrir-se-lhe-á. Ou qual dentre vós é o homem que, se seu filho lhe pedir pão, lhe dará uma pedra? Ou, se lhe pedir peixe, lhe dará uma serpente? Se vós, pois, sendo maus, sabeis dar boas dádivas a vossos filhos, quanto mais vosso Pai, que está nos céus, dará boas coisas aos que lhas pedirem? Portanto, tudo o que vós quereis que os homens vos façam, fazei-lho também vós a eles; porque esta é a lei e os profetas. Entrai pela porta estreita; porque larga é a porta, e espaçoso o caminho que conduz à perdição, e muitos são os que entram por ela; e porque estreita é a porta, e apertado o caminho que conduz à vida, e poucos são os que a encontram..."

Após a leitura, deu alguns passos pela sala e parou diante da janela. Contemplou o firmamento que acobertava a fuga dos últimos raios solares, como se ele pudesse adivinhar-se interpelado, e desprovido das respostas, cobriu-se com um pano de fundo bordado de estrelas. O efeito não poderia ser outro se não promover o caminhar cambaleante que o êxtase tem quando se abraça à filosofia. Seus olhos se engrandeceram ao admirarem os espectros estelares. Divagava entre as belezas do sem-fim e os mistérios articulados em seus pensamentos.

"Se bastasse pedir... Há muito teria êxito em meus desejos!". Leandra sentiu-se sonolenta. Olhou para o relógio, conferindo o quanto era prematuro o seu sono. Acomodou-se na espreguiçadeira, prontificando-se a ler um pouco mais. E assim adormeceu. Após alguns instantes, viu-se sentada ao lado de um grupo de estudo. Olhou ao redor e não reconheceu ninguém.

À frente das pesquisas estava um senhor de vestes brancas, exibindo no cimo da cabeça um turbante alvo, arrematado ao meio da fronte por uma pedra de sutil luminosidade. Andava entre os alunos com mansidão e falava num tom ameno, quase inaudível, exigindo, naturalmente, maior concentração de todos.

– *Abram na próxima página.* – Olhou serenamente para Leandra, que estremeceu. Falava-lhe agora em pensamento. "*Acompanhe com o seu colega a leitura, será importante para você também.*"

A nova aluna atendeu prontamente. Sorriu para o colega, solicitando compartilhar a leitura. Surpreendeu-se ao ver que estudavam o mesmo trecho do livro que acabara de ler em seu quarto. Intrigada com a situação, acompanhou a releitura do trecho, percebendo que lentamente crescia em seu íntimo uma leve ansiedade, em forma de pergunta, tirando-lhe a cadência da respiração.

O rabino parou de ler e olhou novamente para ela com a mesma mansuetude, falando agora em tom audível.

– *Faça a pergunta, Leandra! Todos desejam ouvir...*

Sentiu-se corar, mas seguiu a recomendação, inquirindo.

– Gostaria de melhor compreender. O que Jesus quis dizer ao afirmar que "todo o que pede recebe"?

O mestre ajoelhou-se para pousar tranquilamente seus olhos amorosos nos dela.

– *Nosso mestre disse muitas coisas. Analisemos parte de sua grandiosa obra sem nos perdemos do todo. Para todo aquele que pedir, que bater à porta, que buscar junto ao Pai... Obterá o melhor para si. Porque nosso Pai que está nos céus, sabe, em última instância, o que é melhor para nós. No entanto, será sempre necessário que façamos nossos esforços na direção do bem, para que o melhor nos aconteça como mérito. Sugere Jesus, no ensinamento, que vençamos a inércia, a estagnação, as trevas de nós mesmos, para alcançarmos enfim as luzes, e as boas venturas advindas de nossas obras benéficas. Não lhe parece justo que assim o seja?*

Ela abaixou os olhos em respeito, reconhecendo-se, naquele instante, emaranhada nas teias do imediatismo, desgastando-se na busca da satisfação dos desejos, em detrimento do necessário. O que o mestre a fazia enxergar com aquela pergunta era a fraqueza da sua fé na sabedoria divina, ansiando receber aquilo que ainda não estava pronta para obter. Tal visão diante das vicissitudes da vida dificultava-lhe a compreensão de tão sublime ensinamento. Após assimilar essas novas ideias, ergueu novamente os olhos e, sorrindo, concluiu.

– Compreendo melhor, agora!

Ele sorriu também e para sua surpresa solicitou-lhe a presença numa excursão, que fariam pelos caminhos luminosos de um bosque vizinho. Pediu a um irmão que desse sequência aos estudos, enquanto fariam o pequeno trajeto.

Satisfeita com o convite, aceitou ajuda para levantar-se. Deram alguns passos e viu-se descalça, sentindo a maciez do solo que os sustentava. O rabino, que até então se mantinha anônimo, apresentou-se.

– *Prazer em revê-la! Meu nome é Hamim!*

– Rever-me? Acaso nos conhecemos?

– *Certamente! Não se lembrará, por enquanto. Mas aproveitemos o tempo de que dispomos juntos.*

Ela sentia-se muito bem ao lado dele. Usufruía da sensação de leveza e espontaneidade própria dos que se amam e se respeitam. Reconhecia a sua superioridade, dirigia-se a ele como a um mestre.

– Senhor Hamim! Para onde vamos?

– *O que fazemos?*

– Sim! O que fazemos aqui nesse lugar? – Sentiu-se confusa com a mudança da pergunta.

Ele sorriu, amistoso.

– *Os encarnados se preocupam muito com a definição das coisas no espaço. Eu lhe pergunto... Onde estamos? Consegue precisar?*

– Não! Não conheço este lugar.

– *Em verdade nós estamos onde somos. Este lugar foi criado pelas pessoas que aqui vivem, construído com fluidos cósmicos. Assim não agem os construtores na Terra? Enquanto estudava lá, na Terra, sentiu-se atraída para este lugar, porque estabeleceu sintonia com ele. Enquanto mantiver-se em sintonia, aqui estará, como manifestação do que está sendo.*

Ela sorriu.

– Desculpe-me, senhor Hamim. Estou bastante confusa com esses conceitos.

– *É normal que esteja, querida. Não se preocupe com o lugar. Mas sempre com o aprendizado.* – Fez uma pausa, sugerindo a mudança de assunto. – *Aproveitaremos a sintonia para atendermos a um pedido seu!*

Leandra arregalou os olhos, surpresa.

– Como podem saber dos meus pedidos?

Hamim parou de caminhar e disse-lhe mentalmente. *"Consegue receber esse meu pensamento?"*

Ela confirmou com um gesto de cabeça, fazendo-o continuar. – *As suas preces dirigidas ao Pai são mensagens em pensamento, enviadas às instâncias superiores. Atuamos nas esferas inferiores como mensageiros do Pai, acolhendo seus desígnios, respeitando as suas leis. Tenho a incumbência de prepará-la para esse momento tão importante. Aproveite essa oportunidade maravilhosa de reencontro, para dizer o que não foi dito, com a bênção de dizê-lo após uma pausa de oito anos terrenos de reflexão.*

A visitante sentiu-se emocionada antevendo o que lhe aguardava vivenciar. – Será possível? Poderei reencontrá-lo novamente?

Adivinhando-lhe as inquietações vindouras, acalentou-lhe o ânimo. – *Sim querida! Deus é muito bom e sábio... Adiou o reencontro para quando estivessem prontos... Confie e siga o seu coração...*

Hamim desviou o olhar para um pouco além, mirando na figura de um rapaz, que aparentava aguardar alguém, sentado em uma bela vegetação rasteira, delicadamente tecida por brotos e flores maduras.

Leandra sentiu o coração descompassado e aproximou-se com sutileza. Ele virou-se ao vê-la e ambos se perderam num imenso abraço.

– *Quanto tempo aguardei por este momento!* – Rodrigo falava-lhe aos ouvidos, tentando conter a emoção.

Ela chorava, muito agradecida, e só conseguia repetir.

– Perdoe-me, meu amor! Perdoe-me!

– *Perdoe-me também, querida! Por ser tão rígido. Compreendo melhor hoje que seus receios tinham fundamento. Não saberia aceitar a sua realidade transitória. Não estávamos prontos para viver o nosso amor.*

– Deus nos dará uma outra chance?! – Leandra buscou o semblante de Hamim, na esperança de alguma confirmação.

Ele simplesmente sorriu, e disse:

– *Aquele que pede recebe.*

"*Que não seja a morte a mensageira,
do afeto que tenho por ti!
Pois houveram vidas que se foram e jamais se
reconheceram...
Muitas foram as palavras suprimidas,
adiadas para um último momento...
Quanta crueldade! Ou será falta de coragem?*

De não dizer quanto nos importamos...
De não dizer das saudades que sentimos...
O quanto amamos, enfim!
Que não seja ela... A taciturna...
Que venha me mostrar o quanto valia a sua presença amorosa!
Quero que a mensageira de tão belo sentimento seja a vida!
Aquela que esclarece e enfrenta...
O medo de não ser correspondido...
Ou a dor de ser abandonado!
Pois apesar dessas possibilidades...
Eu poderei olhar nos olhos sombrios da morte e ver o que todo justo vê...
Uma senhora sábia que me estende os braços e sorri ao dizer.
– Você amou na Terra, meu filho...
Vim trazer-te a liberdade..."

ÚLTIMO CAPÍTULO

A Vida Atual

"AGRADEÇO a Deus, por agir em nossas vidas por intermédio de seus mensageiros. Agradeço a estes últimos, pela persistência e boa vontade com que atendem os desígnios do Pai, mesmo diante de nossa má vontade.

Hoje compreendo melhor os entraves que causei ao meu próprio adiantamento, todas as vezes em que não combati minhas imperfeições com afinco, prejudicando inclusive ao meu semelhante. Compreendo também que não basta deixar de praticar o mal, é importante que pratiquemos o bem, pois somos perniciosos sendo omissos.

Esta obra serviu de imediato a mim, como medianeira. Fiquei observando cada gota que jorrou dessa fonte, e fui segurando com firmeza o duto, desejando que cada erro cometido, cada escolha impensada, formasse um manancial de experiências que pudesse servir ao meu semelhante como reflexão para melhores escolhas. Mas, além disso, a revelação desta história teve o condão de despertar-me para as minhas escolhas presentes, e pude visualizar aspectos evasivos de minha personalidade atual. Quantos séculos se passaram e quantas tendências ainda não combatidas! Melhoramos em alguns aspectos, mas a própria vida se encarrega de fazer refletir, tal qual imenso espelho, a nossa face ainda inconveniente. Ficou evidente a bondade suprema de nosso Pai, que apesar dos nossos tropeços nos permite novas oportunidades junto das pessoas amadas e junto daqueles que inevitavelmente aprendemos a amar, porque o amor é irresistível.

Não bastaria contar-lhes a história de minha antepenúltima encarnação. Para melhor ilustrar todos os aspectos que estão atrelados àquela existência, é importante que eu possa lhes dizer das implicações que ela teve para a encarnação atual, no limite do que foi permitido para todos nós.

No presente, tive a oportunidade de ser a terceira filha de uma família de cinco filhos. Tenho um pai afetuoso e presente, que soube transmitir-me valores morais e intelectuais imprescindíveis. Em minha adolescência, foi firme, e até receoso, não permitindo que eu me afastasse de sua convivência para estudar longe, na época isso até foi motivo de desentendimentos entre nós, porém dizia em espírito que tinha medo de que eu me perdesse. Meu pai querido do presente foi meu tio Antonio, o Coronel Rodriguez.

Tenho uma mãe prestimosa, que a seu modo nos dá muito amor e carinho. Abdicou de uma profissão para nos atender nas necessidades prementes. Na adolescência, também não gostava das minhas roupas nem dos meus modos e foi um pouquinho resistente para demonstrar todo o afeto que sentia por mim, afeto que hoje percebo claramente. Minha mãe querida do presente foi minha tia Leonor.

Tenho um irmão mais velho, que dividiu comigo a infância. Brigávamos muito, é verdade, mas onde estava um estava o outro. Na adolescência, demonstrou várias vezes sentir ciúme desta irmã, fazia coisas como seguir-me para ver se eu estava namorando alguém, ou ficar bravo se algum amigo dele por mim se interessasse. Mas, ao fim de tudo, foi ele quem me aproximou do meu atual marido, um amigo seu. E inclusive fez o que ninguém esperava, incentivou o nosso namoro. Meu irmão querido do presente foi meu primo Gomez, que se casou com a minha amiga de adolescência, que hoje divide comigo o gosto pelos estudos e práticas nos caminhos benevolentes da mediunidade. Essa amiga querida do presente foi minha amiga e sócia, Dona Acácia, mãe de José Gomez.

Fui agraciada com outra amiga dedicada, que cuida de mim e da minha família, servindo-nos com alegria. Parece até uma ama, compartilha das mensagens que escrevo e de momentos importantes de realizações, me ajudou inclusive nos caminhos para a publicação desta obra. Essa amiga querida foi Emiliana.

Reencontrei-me na vida atual com Lateefah, fomos amigas por 17 anos. Descobrimos, de um modo surpreendente, que ainda não estamos prontas para convivermos intimamente, apesar de existir entre nós muito amor. Peço-lhe perdão mais uma vez, por não ser forte o bastante a ponto de influenciá-la para o bem. O fato é que a nossa amizade nos ajudou no autoconhecimento, o que já é um grande êxito. É questão de tempo e vontade para ascendermos e encontrarmos uma forma tranquila de nos relacionarmos, estabelecendo afinidade com as práticas mais sublimadas de convivência.

O amigo de meu irmão, que Deus permitiu ser nessa vida o meu marido, nos concedendo dois filhos queridos, foi Rodrigo Munhoz. Quando éramos muito jovens na atual existência, nos primeiros anos de nossa união, lembro-me de que sofríamos de um medo íntimo de que a morte ou motivo maior nos separasse. Confesso que esse mesmo medo muitas vezes me endureceu o coração, impedindo-me de manifestar todo o afeto que tenho por ele e, por incrível que pareça, movida em parte por tal sentimento, quase dei causa à nossa separação no casamento. O importante é que venci esse medo, e quero dedicar ao meu companheiro amado "o que resta dessa minha juventude", faço aqui uma citação de um trecho de música italiana que nos serve de tema, mas, em verdade, se Deus permitir, quero dedicar-lhe muito mais que isso.

Espero vencer a mim, nesta vida, com a fé renovada que tenho pelo Pai Santíssimo, não vacilar no caminho do bem, fazendo bom uso da mediunidade, instrumento sagrado de aprendizado e caridade.

Agradeço em especial à minha mãezinha Consuelo e ao meu paizinho Pedro. Porque sinto que estão sempre comigo onde quer que eu me encontre. Oferecendo-nos seus valiosos conselhos pelas vias intuitivas, como protetores amorosos de nossa família.

Fiquem todos em paz e acreditem sempre nas virtudes de todas as pessoas. Todos nós seremos melhores, porque somos feitos à imagem e semelhança de Deus.

Com amor."

Leandra

"Oh, belos lírios que delineiam os campos!
Realcem as páginas da minha vida;
Tão desnudas de vestes perfeitas...
Aves do céu, trovadores inefáveis!
Comovam um acabrunhado e descrente.
Eu que venho tão cansado da escassez...
Converta-me agora num alegrete!
A calar a tristeza indolente,
De quem percorre o caminho.
Só assim estarei só, mas não sozinho!
Porque comigo estarão as boas obras,
Que o tempo não cuida de levar...
Despertem, oh mentes cansadas!
Do turbilhão das providências materiais.
Lembrem-se que são espíritos imorredouros,
À procura da felicidade.
A surpresa vem agora...
Ela não é um estar, ou um ter...
mas um ser!
Ela não tem residência,
mas começa na justeza da sua consciência.
Existe em todos os mundos,
Nalguns em grotão, noutros em jordão
Mas só a vê quem tem visão.
O que requer educação.

*Eis as verdades trazidas
Nas asas da liberdade.
Por vozes suaves que sugerem:
– Estudem as palavras eternas
Do Abade da terra, o Cristo.
E mais tarde no findar da Aurora
Valerá cada empenho seu
Na sua renovação.
Deixem despertar as luzes,
Abafadas nas couraças da personalidade.
O momento é chegado...
As doenças emocionais sinalizam,
As enfermidades da humanidade.
É o vazio de Deus nas almas
dos imprevidentes.
As predições são mutáveis
Diante da firme vontade.
E nós, espíritos, lhes estendemos as mãos
Por já conhecermos o relevo do percurso.
Que conduzirá à nova era.
A da regeneração.
Que a paz esteja com todos!"*

Irmão Hamim

Livros de Gilvanize Balbino Pereira

Lágrimas do Sol
Romance histórico dos Espíritos Ferdinando e Tiago

No final do século 15, nos tribunais da "Santa Inquisição", homens, mulheres e crianças são injustamente condenados. Em Granada, no sul da Espanha, Joana entrega-se a Jesus. Um dia, a divina providência conduz Zarif, o mouro, até seu lar. O despertar do amor entre eles leva Joana a ver do que é capaz a maldade dos homens e o alcance da misericórdia de Deus...

Lanternas do tempo
Romance histórico dos Espíritos Ferdinando e Bernard

Constantinus (280–337d.C) instituiu o Cristianismo a religião oficial do Império Romano. Graças a ele, as perseguições contra os cristãos terminaram. Quem foi esse homem? O que o levou a expor-se em defesa dos cristãos? Neste romance – que revela o que aconteceu nos bastidores – conheça a mulher a quem o imperador entregou o coração e o destino dessa paixão...

Verdades que o tempo não apaga
Romance histórico dos Espíritos Ferdinando, Tiago e Bernard

Em 1558, os tribunais da "Santa Inquisição" condenam aqueles que contrariam a Igreja. Na França, o livreiro Jacques arrisca a vida divulgando o *Evangelho* renegado, mas antes de cair nas garras dos inquisidores envia os originais a Bernard, em Barcelona. O que há nos *Evangelhos* apócrifos que justificasse tanta perseguição? Veja neste emocionante romance...

Leia e recomende!
À venda nas livrarias espíritas e não espíritas

Sucessos da Butterfly

CONVERSANDO COM ANGEL
Evelyn Elsaesser-Valarino

No hospital, quando tudo parece perdido, ela vê uma luz e ouve uma voz: trata-se de uma experiência espiritual incrível que vai ajudar uma jovem a compreender a morte, vencer a mágoa e o ressentimento e desvendar os mistérios do Além...

A SOMBRA NÃO ASSOMBRA
Miriam Salete

Desvende os mistérios e contradições que existem em você mesmo. Aprenda, com Miriam Salete – psicóloga, estudiosa e pesquisadora do comportamento –, a libertar-se do seu lado sombrio e iluminar sua caminhada na direção da verdadeira felicidade.

A SABEDORIA DOS DITADOS POPULARES
J. J. Costa

"Não deixe para amanhã o que você pode fazer hoje." Comece, agora mesmo, a ler este livro e descubra toda a sabedoria que existe nos ditados e ditos populares. Suas 200 citações comentadas são uma preciosa lição que nos ajudam a viver melhor!

VIDA ANTES DA VIDA
Sarah Hinze

Antes de nascer eles conversaram com seus pais! Sarah Hinze – pesquisadora norte-americana das Experiências de Pré-Nascimento (EPNs) – relata casos que revelam o diálogo espiritual com aqueles que estão prontos para retornar ao nosso convívio!

MINHA VIDA DARIA UM LIVRO
Carlos Marcelo Levín

David, inseguro e solitário, é um adolescente que descobriu a vida como ela é. Recusa-se a abandonar um amigo que é dependente químico, mas ele mesmo não tem em quem se apoiar – a não ser naquela misteriosa voz que soa do mundo invisível...

Querendo conhecer outros livros da Butterfly Editora, basta acessar o site www.flyed.com.br ou solicitar um catálogo sem compromisso pela Caixa Postal 67545 – Ag. Almeida Lima – CEP 03102-970 – São Paulo – SP.